명상맛집

세계 최고 명상가들의
25가지 명상 레시피

명상맛집

강민지 지음

불광출판사

"『명상맛집』은 제목부터 명상이 마음의 양식임을 선포하고 있다. 음식을 먹을 때 즐겁고 건강해지고 성장하듯이, 명상을 하면 행복하고 마음이 건강해지고 성장한다. 그러나 모든 음식이 우리를 건강하게 하는 것은 아니고 바르게 알고 먹어야 건강에 도움이 된다. 명상도 마찬가지다. 『명상맛집』은 건강한 명상을 손쉽게 시식할 수 있도록 명상계의 대표적인 셰프들과 그들의 대표 요리(시그니처 명상)를 맛깔스럽게 소개하고 있다. 다양한 명상을 맛보다 보면 자신의 입맛에 맞는 명상을 선택할 수 있는 혜안이 열린다. 더불이 이 책의 부록에 있는 '명상맛집 디저트'와 '굿바이 키트'는 명상의 요리법을 배워 스스로 명상셰프가 되고자 하는 사람들에게 영양가 있는 정보를 제공한다."

– **김정호** 덕성여자대학교 심리학과 명예 교수

"이 시대를 명상의 시대라고 한다. 이 책은 명상의 시대를 만드는 데 크게 기여한 세계적인 명상가들의 명상법을, 마치 맛집 정보를 알려 주듯 친절하게 안내한다. 저자가 직접 공부하고 경험한 내용을 바탕으로 쓴 아주 좋은 명상 가이드북이다. 이 책과 함께한다면, 험한 세상을 살아가는 데 꼭 필요한 명상의 힘을 우리 내면에 갖추게 될 것이다. 이렇게 좋은 책을 추천하게 되어 기쁘다."

– **전현수** 전현수 정신건강의학과의원 원장

"저자와 함께 '위즈덤 2.0 코리아'와 'gPause' 같은 명상 모임을 만들어 나가며 명상에 대한 그의 열정과 진심을 느낄 수 있었다. 종교와 신비주의를 떠나 더 많은 사람이 일상에서 명상을 실천하길 바라는 마음 말이다. 이 책은 그 마음의 결정체이다. 오랫동안 수많은 명상 모임을 이끈 저자가 추천하는 검증된 명상 책들을 지도처럼 따라가다 보면, 어느샌가 명상과 한층 더 가까워진 자기 자신을 발견하게 될 것이다."

– **유정은** 명상 앱 '마보' 대표, 위즈덤 2.0 코리아 총괄 디렉터

"『명상맛집』은 참 맛있는 책이다. 마음의 건강과 성장, 스트레스 해소, 더 나은 인간관계 형성 등에 기여할 수 있는 이 책은 명상을 처음 접하는 초심자부터 숙련자까지 모두에게 유익한 가이드가 될 것이다. 명상의 넓이와 깊이를 두루 갖춘 책으로, 마음의 평안을 찾고자 하는 모든 이들에게 강력히 추천한다."

– **조우석** 『간헐적 몰입』 저자, 40만 구독 북튜버 '책추남TV' 운영자

차 례

명상맛집 투어를 시작하며

맛집을 찾아가는 길은 즐겁습니다. 맛집 특유의 분위기는 맛있는 냄새와 비주얼, 눈에 띄는 간판, 긴 웨이팅 줄 등에서 골고루 풍겨 나오죠. 그러나 그 식당의 음식을 먹으며 기쁨의 탄성이 나올지, 실망의 탄식이 나올지는 직접 경험해 봐야 알 수 있습니다. 진짜 맛집을 찾기 위해 저는 지도 앱의 후기 게시물 수와 내용을 자주 참고하는데, 마케팅 기법이 날로 발전해서 이제는 광고와 진짜 후기를 구분하기가 쉽지 않아요. 명상을 배울 때도 비슷한 어려움을 겪습니다. 어디로 가야 할지, 누구의 말을 믿으면 좋을지 헷갈리니까요.

저는 의심과 조심성이 많아서 정확하고 확실한 것을 좋아합니다. 그래서 이것이 맞다, 저것이 틀렸다는 결론을 잘 내리지 못해 느리고 우유부단해 보이기도 하는데요. 이런 관점에서는 이 말이 맞고 동시에 저런 관점으로는 저 말이 맞다 생각하고, 무엇이든 최대한 검증한 후 결론을 내리기 때문입니다. 하지만 언젠가부터 정확한 '결론'보다 최선의 '선택'이 삶에 더 필요함을 알고, 제가 지난 20년 이상 본 명상 자료와 지도자들 중에서 믿고 배울 만하다 선택한 '명상맛집'과 '명상 셰프'들을 여러분에게 추천하고자 이 책을 썼습니다. 명상의 다채로운 맛들을 찾아 소개하는 명상계의 미쉐린 가이드, 명쉐린 가이드로요.

음식을 먹는 이유, 명상을 하는 이유

—

우리가 음식을 먹는 가장 중요한 이유는 몸의 건강과 성장에 필요한 에너지를 얻기 위함입니다. 그리고 다른 이유들도 많은데, 즐거움 때문에, 스트레스가 풀려서, 사람들과 관계를 맺는 방법으로, 때로는 약으로 먹기도 합니다. 그럼 명상을 하는 가장 중요한 이유는 뭘까요? 음식과 몸의 관계에 비유한다면, 명상은 마음의 건강과 성장에 필요한 에너지를 줍니다. 더불어 명상을 하는 경험 자체가 즐거워서, 스트레스를 풀려고, 사람들과 더 나은 관계를 맺고자, 때로는 일종의 심리 치료법으로 명상이 활용되기도 하니 음식과 닮은 점이 많네요.

여러분은 어떤 이유와 목적으로 명상을 하나요? 진심으

로 궁금해서 물어봅니다. 그 이유의 뿌리를 정확히 이해하고 목적지를 분명히 정하는 것이, 나 자신을 더 자세히 살펴보고 내가 원하는 변화에 마음의 초점을 모아 주는 돋보기가 될 거라서요. 나는 왜 명상을 하는가 또는 하려는가, 그 결과로 나는 어떤 사람이 되고 싶은가, 라는 질문의 답을 오늘 밤 잠들기 전까지 한번 찾아보아도 좋겠네요. 정답은 없고 시간이 가면 답이 달라질 수도 있지만, 오늘 찾은 그 이유와 목적으로 적어도 며칠은 명상과 친하게 지낼 수 있을 겁니다.

망고 까기의 기술

—

얼마 전, 살면서 처음으로 생망고를 사 보았습니다. 제가 과일 깎는 일을 좋아하고 꽤 잘하는 편인데, 망고는 처음이라 첫 번째 망고 까기는 대실패였어요. 끝을 자르고 껍질을 손으로 깠더니 과육이 껍질에 붙어서 먹을 것이 별로 없었고, 길고 큰 망고 씨에 붙은 과육도 어찌할 줄 몰라 헤맸습니다. 안 되겠다 싶어 인터넷에서 망고 까는 법을 찾아보니, 씨를 스치듯 세로로 삼등분하고 과육에 칼집을 내어 껍질을 뒤집으면 큐브 모양으로 떠먹기 좋게 만들어지는 것이었습니다. 따라 해 보니 쉽게 잘 되더군요.

명상의 기술도 비슷합니다. 처음 하면 이게 맞나, 제대로 하고 있나 헷갈리지만, 유경험자들의 말을 따라 실험하다 보면 비슷한 결과를 얻을 확률이 높아요. 다만 그 과정과 결과물이 대부분 눈에 보이지 않는 마음의 영역에 있어서 성공 여부를 확인하기가 어려운데, 그래서 자신만의 판단 기준과 솔직한 평가가 필요합니다. 그리고 명상의 결과가 행동의 변화로 이어질 수 있도록 '나의 행동은 그대로지만 마음은 변했어.'라는 자기 합리화에 속지 말고, 실제 선택이나 행동까지 바뀌었는지 눈으로 확인하기를 추천해요. 그러면 자신감이 생기고, 일상에서 명상이 필요한 순간 능숙하게 대응할 수 있습니다. 망고를 성공적으로 까 본 사람이 새로운 망고를 망설임 없이 자를 수 있는 것처럼요.

다양한 명상을 소개하는 이유

—

감성 지수(EQ)라는 개념을 널리 알린 대니얼 골먼과 위스콘신대 심리학&정신의학과 교수 리처드 J. 데이비드슨이 함께 쓴 『명상하는 뇌』(김영사, 2022)에서는 명상을 두 가지 기준에 따라 네 가지 수준으로 구분합니다. 두 가지 기준은 '깊이'를 추구하느냐, '넓이'를 추구하느냐이고, '깊이'와 '넓이'를 음식으로 비유하면 '영양' vs '맛'의 추구와 비슷합니다.

'깊이'를 추구하는 명상은 깨달음과 해탈을 추구하는 불교에서 유래한 제1수준 '순수 명상파'와 제1수준에서 종교나 문화적 색채는 빠졌으나 여전히 깨달음을 추구하는 제2수준 '탈문화 명상파'로 나누어집니다. '넓이'를 추구하는 명상은 제2수준에서 영적인 맥락을 제거하고 건강이나 심리 치료 등에 명상을 활용하는 제3수준 '탈영성 명상파'와 제3수준보다 더 쉽고 접근성을 높인 명상 앱이나 기업용 명상 교육 같은 제4수준 '대중적 명상파'로 나뉘죠.°

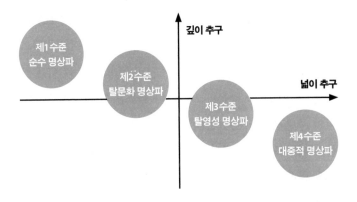

○ 각 수준의 설명은 위 책을 참고하였으나, 각 명상파의 이름은 이해를 돕기 위해 필자가 작명하였습니다.

그래서 여러분이 제1~4수준의 명상들을 조금씩 맛보며 명상의 큰 그림을 이해하고, 자신의 입맛에 맞는 명상법을 찾아가길 바라는 마음으로 명상 뷔페를 차렸습니다. 또 지금은 나의 취향이 아니지만, 언젠가 상황이 바뀌고 입맛이 변했을 때 '어떤 명상이 있었더라?'하고 다시 펼쳐 보는 명상 가이드로 활용되기를 희망합니다(이 책의 명상들이 속하는 각각의 수준은 부록을 참고하세요).

가시 바른 살코기

—

저의 글쓰기 사부님이었던 소설가 이외수 선생님이 트위터를 자주 하던 시절, 140자의 글자 수 제한에 맞춰 '가시 바른 살코기' 같은 글을 쓴다던 말이 기억납니다. 저도 이 책을 쓰면서 어떤 내용을 넣을까 만큼이나 뺄까를 깊이 고민했어요. 마치 주방장이 코스 요리의 순서를 정하고 어울리는 음식들을 페어링하듯 명상셰프들을 어떤 순서로 소개할지, 무슨 내용을 넣을지 생각하면서 글의 분량이 너무 부족하거나 넘치지 않도록 신경 썼습니다. 그래야 지금 이 글을 보는 여러분이 한입 크기로 자른 음식을 먹듯 쉽고 편하게 책을 읽을 것 같아서요.

정주행할 명상맛집 찾기

—

숏폼(short-form)에 익숙한 분들은 영상을 1~2초만 봐도 계속 볼지 다음으로 넘어갈지 바로 압니다. 그리고 긴 시간을 내기는 어렵지만 스토리는 궁금할 때, 유튜브 요약본으로 영화나 드라마를 보고 일정 수준 이상 마음에 들면 정주행을 하죠. 저도 딱 이런 사람이라 요즘 세대의 입맛에 맞게 각종 명상들의 핵심 줄거리만 담으려고 노력했는데요. 이 명상 요약본을 통해 전 세계 실력 있는 명상셰프들의 시그니처 명상을 맛보며, 여러분이 기쁨과 재미를 느끼고 자신의 명상 취향을 찾아가면 좋겠습니다.

먹방을 보다가 끌리는 음식이 있으면 요리를 하거나 배달 주문을 하거나 가게에 방문해야 하지만, 명상맛집의 명상들은 그저 마음과 시간만 있으면 언제 어디서든 바로 체험하고 맛볼 수 있어 밀키트보다 편리합니다. 그럼 이제 제가 찾은 최고의 명상맛집들을 소개합니다. 국내 최초 명상맛집 투어에 온 것을 환영합니다!

앤디 퍼디컴

시그니처 명상

아무것도 하지 않기

명상의 'ㅁ'도 모른다,
이제 처음 명상하는 분들에게
추천하는 기초 명상 입문서

추천 도서

『당신의 삶에 명상이 필요할 때』
(앤디 퍼디컴, 스노우폭스북스, 2020)

『GET SOME HEADSPACE』
(Andy Puddicombe, Hodder & Stoughton, 2011)

앤디 퍼디컴(이하 '앤디')은 명상맛집의 첫 번째 명상셰프로 딱 어울리는 사람입니다. 《뉴욕 타임스》가 그를 '명상계의 제이미 올리버(영국의 유명 요리사)'라고 표현했거든요. 앤디의 책이 한국에 처음 나온 2012년은 아이폰5가 최신 폰이던 시절이었고, 2010년 탄생한 명상 앱 헤드스페이스(Headspace)를 아는 사람이 그리 많지 않았습니다.

하지만 현재 헤드스페이스는 1천만 명 이상의 사람들이 앱을 다운로드받고, 넷플릭스에 명상 애니메이션 시리즈를 선보이는 등 세계적인 명상 회사로 자리 잡았습니다.

전직 스님이 들려주는 만렙 경험치

●

앤디가 명상 사업가로 성공하기 전, 그의 가장 독특한 이력은 22세부터 시작한 10년간의 승려 생활입니다. 그래서 그의 책에는 스님의 삶에 관한 이야기가 자주 등장하는데 재밌는 에피소드들로 읽힐 뿐 종교적이라는 생각은 거의 들지 않아요.

자신이 머물던 절의 담장 위에 올라간 채로 도망칠까 말까 고민하는 이야기가 첫머리에 나오고, 본인이 갖춘 가장 훌륭한 자격은 명상을 배울 때 저지를 수 있는 거의 모든 실수를 저질러 본 점이라고 말합니다. 무척 솔직하고 유쾌한 사람이죠?

이렇게 시작부터 웃다 보면, 어느새 그의 이야기에 푹 빠져 시간 가는 줄 모르고 책을 읽고 있는 자신을 발견할 겁니다. 그렇다고 앤디가 웃기는 얘기만 하는 건 아니에요. 이렇게 진지한 말도 자주 하거든요.

앤디의 말

●

사람들은 단지 삶을 헤쳐 나가는 법과 직장 생활이
나 사적인 삶, 자신의 마음에서 스트레스를 처리하
는 법을 찾고자 했다. … 하지만 그들이 무엇보다 알
고자 한 것은 이런저런 일이나 상황이 뜻대로 안 되
고 있다는 느낌, 지금보다 더 나은 삶이 틀림없이 있
을 거라는 느낌 등과 같이 끊임없이 마음을 괴롭히
는 느낌을 다스리는 방법이었다.

『당신의 삶에 명상이 필요할 때』 p.17~18

저는 앤디가 말하는 이 괴로운 느낌이 뭔지 알 것 같은데, 여
러분은 어떤가요? 우리가 명상을 하는 이유가 뭘까 생각해
보면 구체적인 목표는 건강, 휴식, 평정, 집중력 향상, 깨달음
등 제각기 다르겠지만, 공통의 이유가 있다면 현재의 삶을 어
떤 식으로든 변화시키고 싶은 마음 때문일 겁니다. 하지만 이
렇게 명상을 시작하고 싶은 마음과는 달리 '어떻게 하는 건지
모르겠어.', '이게 정말 효과가 있어?' 같은 생각들이 떠오르면
서 명상을 시도조차 하지 않는 경우도 많습니다. 이때가 바로
앤디가 필요한 순간입니다.

명상 초보자들을 위한 추천 도서

●

앤디는 가능한 많은 이들이 '명상을 한번 시도해 보게 하는 것'이 책을 쓴 목적이라고 해요. 그래서 짧고 쉬운 명상법부터 차근차근 알려 주고 불안, 불면증, 우울증, 주의력 결핍, 분노 조절장애, 결벽증, 중독 등의 문제를 지녔던 사람들이 명상을 통해 어떻게 변했는지 우리에게 이야기해 주며 일상생활에 명상을 바로 적용할 수 있도록 안내합니다.

어학 사전에 적힌 명상의 정의는 '고요히 눈을 감고 깊이 생각함'이지만 눈을 뜨고 하는 명상도 많고, 깊이 생각한다기보다는 생각을 알아차리는 일이 명상에 더 가까워서 실제와 많이 다릅니다. 이런 이유 때문인지 명상을 전혀 다른 무언가로 오해하는 경우를 종종 보는데요. 앤디는 명상을 '자신의 감정과 생각이 형성되는 방식과 이유를 자각하고 이해하는 법을 훈련하며 그 과정에서 균형 잡힌 건강한 시각을 얻는 것'이라고 정의합니다. 참고로 저는 앤디와 비슷한 맥락으로 '집중과 관찰로 지혜로워지는 것'이 명상의 본질이라고 생각해요.

'어떻게 하는 건지 모르겠어.'
'이게 정말 효과가 있어?'
같은 생각들이 떠오르면서
명상을 시도조차 하지 않는
경우도 많습니다.

이때가 바로
앤디가 필요한 순간입니다.

명상을 배우는 3단계와 두 가지 방식

앤디는 명상을 배우는 3단계를 자동차 운전의 3단계로 설명합니다. 첫째는 자동차의 페달과 레버의 사용법을 익히듯 명상의 원리와 방법을 배우는 단계, 둘째는 자동차의 상태를 최적으로 유지하기 위해 종종 엔진을 돌리듯 명상을 직접 수행하는 단계, 셋째는 차를 운전해서 원하는 장소로 가듯 명상을 삶의 다른 영역에 적용하는 단계입니다. 셋째가 바로 자동차를 운전하거나 명상을 하는 진짜 목적이에요.

그리고 명상을 두 가지 방식으로 사용할 수 있는데, 하나는 '아스피린'처럼 스트레스를 해소하기 위해 명상을 하는 것, 다른 하나는 일상의 활동에 마음을 기울이는 방식을 '명상적'으로 바꾸는 것이라고 합니다. 그럼 앤디가 추천하는 명상 아스피린을 한 알 먹어 보죠.

아무것도 하지 않기

●

지금 시도해 보라. 지금 앉아 있는 곳에서 움직이지 말고 책을 덮어 책상 위나 무릎 위에 올려놓아라. 특정한 자세로 앉을 필요는 없다. 그저 편한 자세로 앉아 가만히 눈을 감고 1분이나 2분 동안 있어 보라. 이런저런 생각이 떠올라도 괜찮다. 지금은 그냥 그런 생각들이 오고 가게 놔두어라. 하지만 그렇게 1, 2분 동안 아무것도 하지 않고 가만히 앉아 있는 것이 어떤 느낌인지 느껴 보라.

『당신의 삶에 명상이 필요할 때』 p.43

쉽지만 쉽지 않은, 아무것도 안 하기

●

아무것도 안 하기는 가장 쉬운 일이면서 또한 매우 어색하고 어려운 일입니다. 왜냐하면 우리는 평소 끊임없이 무언가 하고 있는 상태에 익숙하니까요. 아무것도 안 하기 명상을 하는 동안 갑자기 떠오르는 생각이나 욕구, 무언가에 집중하고 싶은 충동 같은 걸 찾았다면 여러분은 현재 자신의 상태를 잘 관찰한 겁니다. 혹은 정말 아무것도 하지 않아서 마음이 무척 느긋해지는 느낌이 들었을지도 모르겠네요. 둘 다 좋습니다.

유튜브를 보거나 게임을 해도 생각이 멈추는 효과가 있겠지만, 시간이 갈수록 눈과 머리가 피곤해질 확률이 높죠. 이런 놀이나 휴식이 무조건 나쁘다는 얘기는 아닙니다만, 그에 비해 아무것도 안 하기 명상은 마치 PC의 절전 모드나 시스템 종료를 선택한 것 같은 휴식과 충전 상태를 만들어 줍니다. 그리고 아무것도 안 하는 도중에 문득 나 자신과 내 마음에 관한 크고 작은 발견들을 할 수도 있겠네요.

숨은 헤드스페이스 찾기

명상을 할 때 생기는 고요하고 '텅 빈 마음'을 앤디는 '헤드스페이스'라고 부릅니다. 이걸 행복이라고 표현하면 행복한 감정과 헷갈릴 수 있어서 일부러 이렇게 이름 붙였다네요. 앤디의 책은 쉽고 실용적이면서 명상이 무엇인지 헷갈리지 않게 해 주는 길잡이 역할에 충실하고, 그가 추천하는 열 가지 명상 연습을 하다 보면 각자의 헤드스페이스를 조금씩 찾아낼 수 있을 겁니다. 넷플릭스 가입자라면 「헤드스페이스: 명상이 필요할 때」의 시청도 추천해요!

　　만약 숨은 헤드스페이스 찾기의 도구로 '명상 앱'을 활용하려면, 한국의 마보·하루명상·코끼리, 해외의 Headspace·Calm·Simple Habit 등을 살펴보고 내 마음에 드는 앱을 설치해서 써 보세요.

떠오르는 음식
언제 어디서나 한입에 먹기 편하고
몸에 좋고 맛있는 재료를 넣어 맛과 영양을 모두 잡은 건강 김밥

수잔 카이저 그린랜드

시그니처 명상

상상의 지퍼 올리기

아이들과 함께하는 마음챙김 놀이의 정석,
재밌는 명상법을 찾는 성인들도 좋아할
60가지 명상 매뉴얼

추천 도서
『마음챙김 놀이』
(수잔 카이저 그린랜드, 불광출판사, 2018)
『MINDFUL GAMES』
(Susan Kaiser Greenland, Shambhala, 2016)

두 번째 소개할 명상셰프, 수잔 카이저 그린랜드(이하 '수잔')가 쓴 『마음챙김 놀이』는 아이들을 위한 명상 책이지만, 아이들만을 위한 명상 책은 아닙니다. 아이들에게 명상을 쉽게 알려주고 싶은 부모나 선생님들을 위한 명상 가이드북이고 아이들을 위해 고안된 명상법들이 나오지만, 명상을 처음 접하거나 이미 익숙한 이들에게도 새로운 관점과 아이디어를 줄 수 있거든요.

또한 저자가 오랜 기간 명상을 공부하면서 각종 프로그램을 개발했기에, 명상의 전반적인 내용을 나름의 기준으로 분류해서 빠짐없이 설명한다는 특징도 있어요. 다만 그만큼 책이 꽤 넓은 범위의 내용을 다루니 천천히 음미하며 보기를 권장합니다.

아동 청소년 명상 지도자의 덕업일치

●

1956년생인 수잔은 아동과 청소년을 위한 비종교적 명상 분야에서 가장 유명하고, 또 진심인 사람입니다. 과거 그녀의 본업은 17년간 기업 변호사였는데, 한동안 부캐로 공립 학교에서 비종교적 마음챙김 명상을 가르치며 UCLA대학과 제휴해 '이너키즈(Inner Kids)' 프로그램을 개발했습니다. 그리고 로스앤젤레스 지역에서 명상을 가르치는 비영리 재단을 남편과 함께 설립해 운영하다가 변호사에서 명상 지도자로 전업했습니다.

그 후 UCLA 매텔 아동병원 소아통증클리닉 임상연구팀 소속으로 마음챙김이 교육에 미치는 영향에 대해서 연구하기도 했는데요. 아이들을 위한 명상 프로그램은 어떤 건지 하나 보여 드릴게요.

상상의 지퍼 올리기

●

[놀이 진행 순서]

1. 우리 몸의 배에서 턱까지 지퍼가 달려서 위아래로 올리고 내릴 수 있다고 상상해 봅니다. 이 놀이는 우리가 앉고 설 때 몸을 곧게 죽 편 자세를 취하는 데 도움이 됩니다.

2. 몸에 직접 닿지는 않게 한 손은 배꼽 앞에, 다른 한 손은 허리 뒤에 둡니다.

   (선생님이 한 손은 배꼽 앞에, 다른 손은 허리에 두는 동작을 보인다.)

3. 좋습니다. 이제, 지퍼를 위로 올려 봅니다.

   "지~익"

   (허리와 가슴 앞에 둔 손이 위로 움직여 턱과 머리를 지나 위로 올라가는 모습을 보여 준다.)

4. 이제 지퍼를 다 잠갔으면 몸을 곧게 세우고 죽 뻗은 채로 몇 차례 호흡을 해 봅니다.

『마음챙김 놀이』 p.34~35

수잔은 마음챙김 명상이
삶에 도움이 되는 여섯 가지 기술을
길러 준다고 합니다.

집중하기(focusing)
고요하게 하기(quieting)
보기(seeing)
새롭게 보기(reframing)
돌보기(caring)
연결하기(connecting)

재밌고 유익한 마음챙김 놀이들

●

참 쉽죠? 명상에서 추천하는 몸의 자세 중 척추를 곧게, 그러나 너무 경직되지는 않게 펴는 동작이 있는데요. 상상의 지퍼 올리기는 이런 자세를 자연스럽게 만들어 주고 기억하기도 쉬운 명상법입니다. 언젠가부터 게이미피케이션(gamification)이라는 이름으로 다양한 분야에서 게임적인 요소를 목표와 결합해 사람들의 관심을 끄는데, 마음챙김 놀이도 명상을 게임처럼 만들어 아이들의 마음을 사로잡습니다. 수잔의 책에는 무려 60가지 마음챙김 놀이가 실려 있고, 명상의 다양한 요소들이 녹아 유익함과 동시에 재미있는 놀이로 구성되어 흥미로워요.

예를 들면 스노우볼을 흔들었을 때와 가만히 놓았을 때를 보여 주며 고요함과 산만함의 차이를 직관적으로 보여 주기, 인형을 배 위에 올려 두고 오르락내리락함을 느끼며 호흡하기, 희미해져 가는 종소리를 듣다가 소리가 들리지 않으면 손 들기, 나비가 내 몸 위에 앉는다 상상하고 그 부위를 편안하게 하기, 별이나 구름을 보며 변화 관찰하기 같은 활동들입니다.

명상이 선물하는 여섯 가지 삶의 기술

●

수잔은 마음챙김 명상이 삶에 도움이 되는 여섯 가지 기술을 길러 준다고 합니다. 집중하기(focusing), 고요하게 하기(quieting), 보기(seeing), 새롭게 보기(reframing), 돌보기(caring), 연결하기(connecting)이고, 그중 '집중하기'는 다른 다섯 가지 기술을 지탱하는 기초입니다. 명상을 가르치는 과정에서 '집중'과 '고요하게 하기', '보기'만 강조하는 경우가 종종 있는데, 명상의 목표이자 결과로 '새롭게 보기', '돌보기', '연결하기'를 함께 소개하는 것이 이 책의 특징이자 장점이라고 할 수 있습니다.

새가 두 날개로 날 듯, 명상에는 '지혜(wisdom)'와 '자비(compassion)'라는 두 날개가 필요하다는 비유가 있고 수잔도 같은 이야기를 합니다. 명상을 왜 하느냐는 질문에 나 자신과 타인에게 '친절'하기 위해서라고 답하는 명상가들이 꽤 있어요. 명상을 집중력 강화나 심신의 휴식 등을 위해서만 쓰는 건 최신형 스마트폰을 전화를 걸고 받는 데만 사용하는 것과 같으니 명상의 다양한 기능과 사용법들을 뒤에서 더 살펴보겠습니다. 수잔도 명상을 처음 시작했던 이유와 지금의 생각이 다르다고 해요.

수잔의 말

●

나 역시 몇십 년 전에 이런 식(자기 삶의 부서진 일면을 고치려고)으로 처음 명상을 시작했다. 그러다 명상이 '자기 개선'의 한 방편이라는 나의 생각에 변화가 생겼다. … 이전의 완벽주의로 인한 예민함은 이제 바로 곁의 친구와 가족과 동료에 대한 현존의 감각으로 바뀌었다. … 페마 초드론은 이렇게 말한다. "명상 수행은 지금 있는 그대로의 자신을 버리고 더 나은 사람이 되는 것이 아닙니다. 명상 수행은 지금 있는 그대로의 자신을 더 잘 아는 것입니다."

『마음챙김 놀이』 p.104

잘 만든 명상 매뉴얼

•

수잔의 마음챙김 놀이 설명은 (1) 제목 (2) 한 줄 설명 (3) 적용된 삶의 기술 (4) 대상 연령 (5) 놀이 진행 순서 (6) 지도 방법으로 일목요연하게 이루어져서, 책만 보면 누구나 쉽게 따라 할 수 있습니다. 그중 대상 연령은 저연령 아동·고연령 아동·십대·모든 연령으로 구분되며, 모든 연령을 위한 마음챙김 놀이는 아이부터 어르신까지 말 그대로 모든 나이대의 사람들이 재밌게 할 만한 명상법이에요. 그리고 앞서 소개한 '상상의 지퍼 올리기'는 저연령 아동용이지만 성인들을 위한 명상 수업이나 일반적인 청소년 행사에서 활용해도 좋을 듯합니다. 여러분도 각자의 입맛에 맞는 마음챙김 놀이를 골라 보세요.

떠오르는 음식
아이부터 어른까지 파티 음식 원픽,
입맛 따라 골라 먹는 6종 소스 순살 치킨

명상 그림책 추천 1

『**가만히 기울이면**』(조 로링 피셔, 불광출판사, 2021)

**세상의 사소한 일들을 경이롭게 볼 수 있는
마법의 마음챙김 가루를 뿌려 주는 책!**

영화 「소울(Soul)」에서 떨어지는 꽃잎 한 장을 신기하게 바라보던 주인공이 생각나는 그림책입니다. "자세히 보아야 예쁘고, 오래 보아야 사랑스럽다."라는 시를 쓴 나태주 시인이 번역한『가만히 기울이면』에는 여러 국가의 어린이들이 등장해 아기 고양이의 가슴 뛰는 소리, 한 무리의 새가 하늘에서 멀어지는 모습, 흩날리는 눈송이에 가만히 마음을 기울이는 모습 등이 담겨 있습니다. 더 많은 명상 그림책을 찾는다면 불광의『우리 아이 인성교육』시리즈를 추천해요.

명상 그림책 추천 2

『**내 마음은 소중해**』(마음챙김놀이터, 피카주니어, 2023)

**아이들에게 마음챙김을 알려 주고 싶은
부모님, 선생님들에게 강력 추천!**

제가 보기에 한국에서 아이들을 위한 마음챙김 프로그램을 가장 열심히, 멋지게 운영하고 있는 마음챙김놀이터(유혜현, 신소연, 조민정)에서 그간의 활동을 기반으로 마음챙김 놀이법 그림책을 만들었어요. 총 서른 가지 마음챙김 놀이에 대한 간결한 설명이 예쁘고 귀여운 그림과 함께 실려 있어서 나이 불문 누구나 쉽게 마음챙김 놀이를 따라 할 수 있습니다. 더 자세한 내용은 아래 홈페이지를 참고하세요.

mindfulnoriter.com

차드 멩 탄

시그니처 명상

2분간 호흡에 주의 두기

IT와 스타트업계 분들에게 추천하는
구글 기반 명상 튜토리얼

추천 도서

『너의 내면을 검색하라』
(차드 멩 탄, 알키, 2012)

『SEARCH INSIDE YOURSELF』
(Chade-Meng Tan, HarperCollins, 2012)

유명한 사람들이 명상을 한다는 얘기를 들으면 나도 한번 해볼까 귀가 솔깃해집니다. 유명한 기업에서 명상 교육을 한다는 얘기를 들어도 비슷한 마음이 들죠. 세계 최고의 IT 기업인 구글에서 시작된 'SIY(Search Inside Yourself, 너의 내면을 검색하라)' 프로그램에 관한 얘기를 들었을 때 저도 그랬습니다.

구글 설립 3년 차였던 2000년, 차드 멩 탄(이하 '멩')은 그곳에 컴퓨터 엔지니어로 입사하게 됩니다. 그는 구글에서 혁신을 위해 마음껏 쓰도록 정한 '업무 시간의 20%'를 활용해 여러 전문가들과 함께 구글 임직원용 명상 프로그램 SIY를 만들어 2007년부터 사람들에게 명상을 전파하기 시작했습니다.

엔지니어가 만든 명상 프로그램의 장점

●

멩은 (1) 본인이 의심이 많으며 과학적 사고를 하고 (2) 오랜 기간 구글에서 명상을 업무에 직접 적용해 보았고 (3) 전통적인 명상의 설명을 실용적이고 쉬운 언어로 바꾸었다는 점을 SIY의 장점으로 소개합니다.

SIY의 7주 20시간짜리 '마음챙김 기반의 감성 지수(EQ) 교육' 개발에 참여한 이들은 감성 지수라는 개념을 세상에 널리 알린 대니얼 골먼, 스탠퍼드대학의 신경 과학 연구원, 미국의 유명한 스님, 경영 전문가 등으로 다양해서, 이전에 볼 수 없었던 새롭고 실용적인 명상 교육 프로그램을 멋지게 만들어 냈습니다.

그럼 멩이 일했던 실리콘 밸리에서 명상의 인기가 날로 높아지는 이유를 그에게 물어보면 뭐라고 답하는지 들어 볼까요?

멩의 말

●

사람들이 제게 물어요. 실리콘 밸리에서 마음챙김이 왜 그렇게 유행이냐? 첫 번째 이유는 이게 효과가 있기 때문입니다. 비록 6초라도요. 더 많이 할수록 더 효과적입니다. 근육 운동을 많이 하면 강해지는 것과 같죠.

두 번째 이유는 이게 우리 삶을 바꿔 놓기 때문입니다. 몸이 좋지 않다가 건강해지면 삶의 모든 면들이 바뀌듯, 마음을 위한 피트니스인 마음챙김도 삶의 모든 면들을 변화시킵니다.

'2022 위즈덤 2.0 코리아(Wisdom 2.0 Korea)' 차드 멩 탄 강연 中.

SIY에 참가한 구글 직원들의 변화

•

멩이 만든 명상 프로그램의 사후 설문에서 구글의 직원들은 자신에게 이런 변화가 있었다고 응답했습니다. (1) 남의 말을 훨씬 잘 듣고 자신의 격정을 제어할 수 있게 됨 (2) 이상과 현실을 구분하고 모든 상황을 더 잘 이해함 (3) 이로써 유능한 매니저가 되고 부하 직원들이 덕을 봄 (4) 일에 대한 새로운 의미와 만족감을 발견함(어떤 이는 퇴사 결정을 번복함) (5) 고객의 신뢰를 얻음 (6) 평온하고 행복해졌으며 개인적 위기를 극복함 (7) 자신과 세상을 더 따뜻하게 바라봄.

SIY에 관한 짧은 경험

•

구글 마음챙김 교육의 효과가 입소문을 타자 다른 기업들에서도 참여하고 싶다는 요청이 있었고, 이로 인해 2012년 비영리 교육 단체 SIYLI(SIY Leadership Institute)가 설립되었습니다. 단체명이 '어리석다'는 뜻의 Silly와 발음이 같은 데는 이 조직의 문화와 교육이 가볍고 유쾌하기를 바라는 설립자들의 의도가 담겨 있다고 합니다. 저는 2019년 한국에서 2일간 총 16시간 진행된 SIY 공개강좌를 경험해 보았는데요.

저의 소감은 첫째, 매우 심플하고 명확한 주제(마음챙김→공감 능력→리더십 향상)를 짜임새 있게 알려 주는구나. 둘째, 참가자 간의 대화 실습을 자주 하면서 교육 내용을 실제로 경험해 보게 하는 실용적인 훈련이네. 셋째, 프로그램의 내용도 진행하는 강연자(Rich Fernandez)도 참 유쾌하다, 였습니다. 음식으로 치면, 솜씨 좋은 요리사가 마음챙김이라는 신선한 재료를 잘 손질해 손님들의 눈앞에서 화려하게 볶아 예쁜 모양으로 내어 주는 철판볶음밥 같달까요. 직원과 회사의 니즈를 정확히 알고 양쪽의 입맛을 모두 사로잡는 대중적인 레시피를 개발한 느낌이었습니다.

참고로 교육 완료 후 28일간 명상을 훈련할 수 있는 각기 다른 주제의 자료들이 이메일로 매일 날아왔고, 참가 후 5년이 지난 지금도 SIYLI 홈페이지에 로그인하면 그때의 강연 자료들을 볼 수 있어요. 구글에서 탄생한 명상 프로그램답게 시대를 앞서가는 체계적인 교육 시스템입니다.

최적화하기, 해상도 높이기

●

멩의 말과 글을 보면, 마음챙김 명상을 설명하면서 IT와 심리학 용어들을 자주 씁니다. 마음챙김으로 강화된 감성 지능이 우리를 더 행복하게 만드는 조건이 되는 것을 '최적화(optimize)'라 표현하고, 내면을 더욱 명료하게 보는 명상의 효과를 모니터로 보는 이미지의 '해상도(resolution)'를 높이는 일에 비유하거든요. 그리고 자기 통제력의 개발을 명상의 관점으로 소개하면서, '충동'에 반응하는 대신 '선택'하며 살아가기를 권장해요.

사무실 책상에서 화장실까지 걸어갔다 올 때마다 걷기 명상을 한다는 그의 명상 습관은 일상과 업무에 바로 사용하기 좋습니다. 저에게는 이런 아이디어들이 꽤 새롭고 도움이 되었는데, 여러분도 멩의 이야기를 통해 명상에 대한 이해와 방법을 최신 버전으로 업그레이드해 보기를 바랍니다.

멩과 한국의 인연

●

한국과 인연이 꽤 깊은 멩은 2014년부터 수차례 한국을 방문했습니다. 2012년 출간된 『너의 내면을 검색하라』가 인기를 끌며 한국 불교계의 초청을 받아 국내에서 강연을 했고, 이 책을 보고 영감을 받은 유정은 대표는 멩을 직접 찾아가서 만나고 SIYLI 지도자 과정 참여 후 명상 앱 마보를 만들었습니다. 그리고 2023년 멩은 명상 앱 마보에 Pre-A 시리즈 투자를 하고 사외 이사가 되어 한국과의 인연이 더 깊어졌습니다.

저는 유정은 대표가 구글캠퍼스 공간에서 운영했던 '창업가들을 위한 명상 모임(구 gPause, 현 WePause)'에 2016년 처음 참가해 멩의 이야기를 알게 되었고 '이렇게 힙하게 명상을 대중화할 수도 있구나.' 감탄했던 기억이 납니다. 그래서 위 명상 모임의 운영진으로 몇 년간 활동하다가, 유정은 대표가 총괄하고 멩이 강연자로 참석한 '위즈덤 2.0 코리아' 행사에 운영 매니저로 참여했어요. 그때 제가 본 멩의 모습은 '정말 유쾌한 친구(jolly good fellow)'라는 별명처럼 유머러스하고, 명상을 전파하는 일에 진심이었습니다.

그가 명상 전파에 진심인 이유

●

멩은 '만약 사람들이 자신의 삶과 비즈니스에서 두루 명상을 활용하면 어떤 변화가 일어날까?'라는 질문을 품었고, 그 변화로 전 세계에 평화와 행복이 늘어날 거라 생각했습니다. 그의 꿈은 세계 평화이고, 그것을 이룰 가장 빠르고 효과적이며 현실적인 방법으로 명상에 기반한 교육의 확산을 선택한 겁니다.

물질적 자원은 누군가 소유하면 다른 이가 갖지 못하는 제로섬(zero-sum)이지만, 심리적 자원인 평화나 행복의 총합은 그렇지 않습니다. 멩이 두 번째로 쓴 책의 제목이 『기쁨에 접속하라』(알키, 2017)이고, 명상을 통해서 주변의 상황과 조건에 무관하게 기쁨(혹은 덜 고통스러움)의 상태를 언제든 유지할 수 있다는 것이 그의 주장입니다. 과연 삶의 무조건적인 기쁨이 어떻게 가능한지 궁금하다면, 의심 많은 멩이 발견한 각종 증거들을 읽어 보세요. 명상의 긍정적인 효과를 지금 바로 실험해 볼 수 있도록 멩의 초간단 명상 레시피도 공유드립니다.

2분간 호흡에 주의 두기

2분 동안 계속, 그저 나의 호흡에 주의를 기울이는
명상법입니다.

1단계. 지금 내가 숨을 쉬고 있음을 인식하고
2단계. 호흡하고 있음을 관찰하며 주의를 기울이고
3단계. 만약 주의가 흐트러졌음을 알아차리면,
　　　다시 호흡에 주의를 기울입니다.

『너의 내면을 검색하라』 p.54 변용

떠오르는 음식
유쾌한 주방장의 화려한 쇼맨십,
신선한 재료로 눈앞에서 멋지게 만들어 주는 철판볶음밥

차드 멩 탄

존 카밧진

시그니처 명상
건포도 먹기 명상

미국으로 간 명상의 트랜스포머급 변신.
검증되고 대중적인 현대 명상법을 찾는다면
여기로.

추천 도서
『존 카밧진의 처음 만나는 마음챙김 명상』
(존 카밧진, 불광출판사, 2012)
『Mindfulness for Beginners』
(Jon Kabat−Zinn, Sounds True, 2012)

마음챙김

'마음챙김'(mindfulness, 팔리어 sati)은 명상에 도움이 되는 마음의 상태 중 하나로서 '현재 일어나는 일들에 마음을 두어 자세히 살피는 것'을 뜻하는 말이었는데, 지금은 의미가 확장되어 마음챙김 자체를 하나의 명상법으로 봅니다.

존 카밧진의 확장된 정의에 따르면, 마음챙김은 지속적이고 특별한 방식으로 주의를 기울임으로써 계발되는 '자각(알아차림)'이고, 이 특별한 방식은 '어떤 판단도 하지 않고 현재의 순간에 의도적으로 주의를 기울이는 것'입니다.

지난 100년간 마음챙김이 전 세계로 퍼지는 데 가장 큰 역할을 한 사람을 한 명 꼽으라면 대부분의 명상가들은 존 카밧진(이하 '존')이라고 말할 겁니다. 그가 1979년 미국 메사추세츠대학 의료센터에서 시작한 MBSR(Mindfulness-Based Stress Reduction, 마음챙김에 근거한 스트레스 완화) 프로그램은 비종교적 명상의 과학화와 대중화를 하드캐리했거든요. 심지어 40년이 넘은 지금까지도 전 세계에서 활발하게 운영되는 중입니다.

MBSR은 무엇이 다른가?

●

명상을 할 때 일어나는 각종 '생각이나 판단'들은 마치 TV 스포츠 중계에서 듣는 '해설'과 비슷합니다. 이때 TV 볼륨을 완전히 줄이면 시합을 자신만의 새로운 관점에서 관람할 수 있는 것처럼, 명상에서 하는 직접적인 주의와 관찰은 우리의 몸과 마음을 새로운 관점에서 바라보고 이해할 기회를 줍니다. 참고로 생각이나 판단이 나쁘거나 쓸모없다는 뜻은 아닙니다. 다만 이들에게 가려서 미처 못 보았던 색다른 사실을 명상을 통해 볼 수 있다는 이야기입니다.

MBSR은 만성 통증을 지닌 사람들에게 통증을 바라보는 새로운 명상적 관점과 대응법을 알려 주고 직접 실천하도록 매일 숙제를 내 주었습니다. 이렇게 체계적인 커리큘럼을 갖춘 명상적 접근이 기존 의학에는 전혀 없던 것이기에 많은 이들의 주목을 받아 2014년 미국 의과대학의 약 80%가 마음 챙김 훈련의 일부 요소를 제공하고, 30개 이상 국가에서 약 1,000명의 공인된 MBSR 지도자가 탄생했습니다.

제가 만난 존

●

2012년 존이 한국에 왔을 때, 저는 그의 강연에 두 번 참석했습니다. 한 번은 한국불교심리치료학회 가을 학회의 진행 요원으로, 다른 한 번은 대한불교진흥원&한국심신치유학회 초청 특강의 참가자로요. 워낙 유명한 분이라 많은 사람들이 참석했고, 저는 연예인을 눈앞에서 보는 것처럼 신기한 느낌이었습니다. 그리고 그가 지금까지 걸어온 길을 알기에, 언행일치하는 사람의 말이 주는 울림에 감화되어 초집중 상태로 그의 이야기를 들었습니다.

마음챙김 명상의 일곱 가지 기본 태도

●

존은 마음챙김의 핵심 요소를 요즘 사람들의 눈높이에 맞게 일곱 가지로 새롭게 정리했습니다. 그 일곱 가지는 바로 비판단·인내·초심·신뢰·애쓰지 않음·수용·내려놓음인데요. 알아 두면 쓸모 있는 명상의 기본 태도이자 지향점이니 하나씩 간단히 소개해 드릴게요.

1. **비판단**(non-judging): 우리는 좋다/나쁘다/잘한다/못한다 늘 판단하고 평가합니다. 마음챙김 중에는 판단을 멈추고 객관적인 관찰자가 되고자 노력합니다.

2. **인내**(patience): 변화에는 시간이 걸립니다. 마음챙김의 긍정적인 효과가 잘 나타나지 않아 초조하거나 마음이 흔들릴 때 인내심을 가져 보세요.

3. **초심**(beginner's mind): 이미 '알고 있다'라는 생각과 선입견이 바로 눈앞의 명확한 사실을 알지 못하게 만들 수 있습니다. 마음챙김 수행 동안 마음의 유연성과 호기심을 잃지 마세요.

4. **신뢰**(trust): 타인(스승)의 말을 전적으로 믿고 따르기보다, 자신의 느낌과 경험과 직관을 믿고 나아가세요. 단, 그것이 틀렸거나 부정확함을 알게 되면 당신의 새로운 앎을 신뢰하세요.

5. **애쓰지 않음**(non-striving): 명상이란 '무언가 되려고 애쓰지 않는 것'이고, '있는 그대로의 자신'을 발견하고 이해하는 과정입니다.

6. **수용**(acceptance): 세상만사를 그저 '있는 그대로' 봅니다. 여기서 포인트는 '일어난 모든 일에 억지로 만족'하는 것이 아니라, 지금 실제로 어떤 일이 일어나고 있는지 일단 명확히 아는 겁니다. 만약 상황이 엉망이라면, 엉망이라는 사실을 앎으로써 새로운 의식 전환과 행동이 일어날 수 있습니다.

7. **내려놓음**(letting-go): 마음챙김의 결과에 집착하지 않고, 순간순간 관찰합니다. 충동이나 평가하는 마음, 과거나 미래에 관한 생각 등이 떠올라도 거기 따라가지 않고 그저 관찰합니다. 단, 자기 자신과 실제 현실을 떼어 놓으려는 심리적 도피와 내려놓음을 혼동하지는 마세요.

『존 카밧진의 처음 만나는 마음챙김 명상』 p.185~204 변용

그럼 이론은 여기까지 하고, MBSR에서 실제로 어떤 명상을 하는지 볼까요?

건포도 먹기 명상

●

1. 건포도를 한 알 준비하세요. 건포도가 없다면, 그냥 포도나 아무 과일, 혹은 아몬드나 호두 같은 견과류도 좋습니다.

(손으로 집어도 괜찮은 음식류라면 뭐든 가능합니다.)

2. 건포도에 최대한의 주의를 기울이며, 평소보다 훨씬 느린 속도로 먹을 겁니다.

3. 마치 새롭고 낯선 사물을 보듯, 건포도의 모양을 찬찬히 살펴봅니다.

4. 건포도를 손에 쥐고, 그 촉감을 자세히 느껴 봅니다.

5. 어떤 냄새가 나는지 맡아 보고, 귀 옆에서 만지며 어떤 소리가 나는지도 들어 봅니다.

6. 건포도를 입에 넣고 굴려 보고 씹어도 보며, 입속

의 감각과 맛을 느끼고 관찰합니다.

7. 건포도를 삼키기 직전, 건포도를 삼키려는 의도
가 일어남을 알아차리고, 건포도를 삼키는 동안
일어나는 몸의 변화들에 주의를 기울이고 알아
차립니다.

『존 카밧진의 처음 만나는 마음챙김 명상』 부록 유도명상 CD 변용

[참고]

한국 MBSR 공인지도자 안희영 님의
건포도 명상 음성 안내(12분 19초)

존의 말

●

특정 순간에 무슨 일이 일어나든 그것이 그 순간의
교과 과정이 된다. 진정한 도전은 지금 일어나고
있는 현상에 대해 우리가 '어떤 관계'를 맺는가 하
는 것이다. 우리가 자유를 발견할 수 있는 곳은 바
로 이 지점이다. 한순간의 진정한 행복, 한순간의
평정심, 한순간의 평화를 경험할 수 있는 곳도 바
로 이곳이다.

『존 카밧진의 처음 만나는 마음챙김 명상』 p.50

우리가 지금까지 보던 건포도는 그저 작고 달고 까만 마른 열
매였지만, 마음챙김으로 건포도 한 알에 온전히 집중하며 느
끼는 다양한 감각과 경험은 나와 건포도의 관계를 극적으로
변화시킵니다. 이런 변화가 나와 나의 몸, 마음, 타인과의 관
계에서도 일어난다면 어떨까요? 그 답은 마음챙김을 통해 각
자의 삶에서 찾을 수 있습니다.

한국에서 MBSR을 경험하려면?

한국에서는 미국MBSR본부(GMC)와 협력 아래 가장 상위의 MBSR 지도자 자격인 티처 트레이너 안희영 교수가 운영하는 MBSR 한국본부(한국MBSR마음챙김연구소, mbsrkorea.com), 또는 이곳에서 지도자 과정을 이수한 레벨2 지도자(2024년 6월 기준 2명) 및 레벨1 지도자(2024년 6월 기준 53명)에게 MBSR 8주 일반 과정을 배울 수 있습니다. MBSR 8주 일반 과정을 지도하기 위해서는 최소한 레벨1 지도자 과정을 이수하여야 합니다.

한국MBSR마음챙김연구소

mbsrkorea.com
cafe.daum.net/mbsrkorea
cafe.naver.com/mbsrkorea
instagram.com/mbsrkorea
youtube.com/@mbsrkorea

떠오르는 음식
모두가 좋아하는 베스트 맛 모음,
네 가지 맛 콰트로피자

장현갑

시그니처 명상

이완 명상(feat. 만트라)

친근한 할아버지가 들려주는 이완 명상과
인생살이법, 불편한 마음을 품고
살아가는 분들을 위한 명상 처방전

추천 도서

『심리학자의 인생 실험실』
(장현갑, 불광출판사, 2017)

『스트레스는 나의 힘』
(장현갑, 불광출판사, 2010)

미국에 존 카밧진이 있다면, 한국에는 故 장현갑 교수님(이하 '장')이 있습니다. 장은 한국에서 명상의 과학화와 대중화를 이 끈 1세대 명상 연구자 겸 교육자입니다. 그는 1942년에 태어나 서울대 심리학 교수, 한국심리학회 회장, 영남대 심리학 교수 등을 역임하며 50년간 연구와 교육에 헌신한 공로로 한국 심리학회 공로상을 받기도 하였습니다.

더불어 장은 2007년 영국 케임브리지 국제인명센터 (IBC)의 '명예의 전당'에 영구 헌정되었으며, 2009년 미국인 명정보기관(ABI)이 선정한 '올해의 인물 50인'에 이름을 올리기도 했습니다.

이완 반응과의 만남

●

장은 하버드 의대의 허버트 벤슨 박사가 1975년에 쓴 『이완 반응』(페이퍼로드, 2020)이라는 책을 한국에서 우연히 발견해 "간단한 마음 훈련으로 혈압과 맥박, 심지어 근육의 긴장도까지 낮출 수 있다."라는 구절을 읽고 눈이 번쩍 뜨였다고 합니다. 이후 몸과 마음은 완전히 별개라는 믿음이 서서히 바뀌었고, 장 본인의 심장 문제와 고혈압에도 마음 훈련(명상)을 적용할 수 있었습니다. 그리고 명상을 연구할 환경을 조성해 준다는 조건으로 1979년 서울대에서 영남대 심리학과 교수로 이직해 명상이 신체에 미치는 영향을 과학적으로 연구하기 시작했습니다.

여기서 '이완 반응'이란 마음이 안정되었을 때 심장 박동수가 줄어들고, 호흡수가 감소하고, 혈압이 내려가고, 뇌파가 느려지며 신진대사가 감소하는 일련의 신체 상태를 말합니다. 그래서 이완 반응은 스트레스로 인한 불안, 우울, 분노 같은 유해한 신체 상태의 악순환을 끊는 효과를 보입니다. 명상은 내분비샘 활동을 자극하고 부교감 신경계를 활성화해 이완 반응을 일으켜 몸과 마음을 평화롭게 합니다.

고통과 치유의 자서전

●

장이 쓴 『심리학자의 인생 실험실』에서는 험난하고 치열했던 그의 개인사를 잠시 엿볼 수 있는데요. 1997년 미국에서 가족과의 여행길에 일어난 큰 교통사고로 아내와 딸이 사망하고, 장은 두 다리가 부러졌습니다. 장은 하버드 의대 심신의학 연구소 공동 설립자 조안 보리센코가 쓴 『마음이 지닌 치유의 힘』(학지사, 2020)을 병상에서 읽고 번역하며 심신의 깊은 고통을 이겨 냈습니다. 그리고 힘겨운 재활 기간을 지나 다시 두 발로 걷기 시작했고, 목발을 짚은 채 대학 강의와 연구를 이어 갔어요.

이런 시기에 장은 존 카밧진이 쓴 『마음챙김 명상과 자기치유』(학지사, 2017)를 공동 번역했는데, 이 책을 저는 명상과 심리학을 함께 공부하던 스터디에서 교재처럼 읽었습니다. 그때는 몰랐던 장의 고난을 나중에 알고, 안타까움과 고마움이 동시에 들었습니다. 그는 번역하며 익혔던 존 카밧진의 마음챙김 명상을 4개월의 재활 기간에 실천하면서, 큰 고통 속에서도 굴하지 않고 살아갈 의미를 발견하는 것이야말로 참다운 삶의 지혜라는 것을 깨달았다고 합니다.

장의 말

●

고통을 그저 걸림돌이라고 여기고 아무것도 하지 않는다면, 고통은 우리를 더욱 얕잡아 보고 더욱 잔혹하게 짓밟을 것이다. 반면 고통을 디딤돌로 삼아 더 나은 인생으로 가려는 노력을 꾸준히 보여 준다면, 고통도 그에 상응하는 보상을 가져다줄 것이다.

나는 혈육을 잃었지만, 용기를 얻었다. 사랑하는 사람을 잃었지만, 진심으로 사랑할 수 있는 마음을 얻었다. 내가 증인이다. 시련은 미래가 보내 주는 선물이다.

『심리학자의 인생 실험실』 p.30

이완 명상의 방법과 효과

●

누구나 할 수 있는 심호흡은 간단하면서도 강력한 이완 방법입니다. 심호흡이 포함된 명상법에는 한 손을 배꼽 바로 아래 올려놓고, 숨을 들이쉴 때 배가 올라가고, 내쉴 때 배가 내려가는 움직임에 잠시 집중하기가 있습니다.

각종 신체 질병과 심리 문제의 증상을 개선하는 명상의 임상 효과는 수많은 연구로 입증되었는데요. 명상이 심신을 개선하는 또 다른 이유가 있습니다. 명상을 통해 우리가 작은 일에도 짜증 내는 조급한 태도를 줄이고, 넉넉한 마음으로 인내하고, 있는 그대로 받아들이고, 지나치게 애쓰지 않고, 집착의 대상을 내려놓는 방향으로 삶의 자세를 바꾸기 때문입니다. 이러면 몸과 마음에 긍정적인 변화가 일어나기 마련입니다.

이완 명상(feat. 만트라)

●

[준비 단계]

1. 호흡이나 소리처럼, 주의를 집중할 특정한 초점 대상이 필요하다.

2. 산란한 생각이 일어나면 주의를 다시 초점 대상으로 되돌린다.

[실행 단계]

1. 초점 대상을 정한다. 종교가 있다면 예수 그리스도, 하나님, 관세음보살 등이 포함된 기도문이나 만트라(Mantra, 진언·주문)로 정하고, 없다면 본인이 희망하는 어떤 단어나 문장이라도 가능하다 (예: 나는 지금 편안합니다).

2. 편안한 자세로 앉되 (지나치게 편안하면 졸리므로) 척추는 가능한 수직으로 세운다.

3. 눈을 자연스럽게 감거나 실눈으로 뜬다.

4. 발가락부터 시작해 온몸의 근육에서 긴장을 이완한다.

5. 천천히 그리고 자연스럽게 호흡하며, 숨을 내쉴

때(목소리 크기는 주변 환경에 따라 적당히 또는 마음속으로) 자신의 만트라를 읊조린다.

6. 잡념이 들면 만트라 암송으로 돌아오며, 10~20분간 반복한다.

7. 이완 명상을 추천하는 시간대는 '아침 식사 이전 새벽'과 '잠자기 전 밤'이다. 이때가 내분비 호르몬이 서로 교체되는 시점이기 때문이다.

(수면 모드↔각성 모드)

『스트레스는 나의 힘』 p.94~100 변용

명상을 통해 우리는
작은 일에도 짜증 내는
조급한 태도를 줄이고
넉넉한 마음으로 인내하고
있는 그대로 받아들이고
지나치게 애쓰지 않고
집착의 대상을 내려놓는 방향으로
삶의 자세를 바꿀 수 있습니다.

MBSR을 만나 K-MBSR을 만들다

장은 존 카밧진의 MBSR의 기본 틀은 유지하되 한국 문화에 맞춰 각색한 K-MBSR을 2007년 개발했습니다. 저는 장이 해외 명상 프로그램이 갖는 접근성의 한계와 언어 장벽을 낮추는 차원에서 K-MBSR을 만든 게 아닐까 추측하는데요. 한 예로, 2019년 MBSR 한국본부에서 직접 MBSR 국제 인증 지도자 양성을 시작하기 전까지는 해외 교육에 직접 참여해야 해당 자격을 얻을 수 있었습니다. 장이 뿌린 씨앗에서 자라난 K-MBSR 교육 과정은 한국명상학회(k-mbsr.com)에서 현재 운영 중이니, 참가해 보고 싶은 분들은 홈페이지를 방문해 보세요. 명상으로 이완하는 법, 이것 하나만 제대로 장착해도 삶이 한결 편안해질 거예요.

떠오르는 음식
뜨끈한 국물에 속이 풀리고
푹신한 황태가 허기를 채워 주는 맑은 황태해장국

타라 브랙

시그니처 명상
무가치감의 트랜스 인식하기

내가 싫은 날들이 이어진다면,
잊지 말고 펼쳐 볼 치유의 명상 책

추천 도서

『받아들임』
(타라 브랙, 불광출판사, 2012)

『RADICAL ACCEPTANCE: Embracing Your
Life With the Heart of a Buddha』
(Tara Brach, Random House, 2003)

『끌어안음』
(타라 브랙, 불광출판사, 2020)

『RADICAL COMPASSION』
(Tara Brach, Penguin Life, 2019)

저는 타라 브랙(이하 '타라')의 책 『받아들임』을 얘기할 때, S라면에 붙은 '밥 말아 먹을 때 가장 맛있는 라면'이라는 수식어처럼 '명상 독서 모임에서 참가자들에게 가장 인기가 좋았던 책'이라는 소개를 덧붙입니다.

450페이지에 달하는 두꺼운 분량에도 불구하고, 타라 개인의 스토리와 심리 상담 진행 경험이 녹은 흥미로운 이야기들에 나도 모르게 빠져들 확률이 높거든요. 더구나 그녀가 말하는 '내가 뭔가 잘못되었다는 느낌', '누군가를 실망시키거나 거부당할 것 같은 두려움'은 거의 대부분의 사람들이 한 번쯤 느껴 보았을 감정이라 자연스레 공감이 되고, 해결 방법이 궁금해 책장을 넘기는 속도가 빨라집니다.

솔직한, 너무나도 솔직한

●

타라는 '자신이 얼마나 열심히 수행하는지 보여 줘서 남에게 감명을 주려는 욕구'가 들어 스스로도 당황스러웠던 경험을 말합니다. 컴퓨터 게임을 하고 있는 아들에게 드는 맹렬한 감정들과 홀로 씨름하는 장면, 12년간 믿고 따르던 수행 공동체의 지도자에게 수많은 대중 앞에서 크게 비난받았던 사건 등을 1인칭 관찰자 시점에서 생생히 묘사하고 당시를 되짚어 깊이 성찰해요. 또한 내담자들의 사실적인 상황과 진정한 변화의 과정을 자세히 서술해서 독자들에게 인생 2회차 간접 경험의 기회를 줍니다.

나의 마음을 타인에게 정말 솔직하게 말하거나 타인의 진짜 마음을 들을 기회가 사실 그리 흔치 않은데, 타라의 정직한 고백을 듣다 보면 나도 조금 더 마음을 열고 내 속을 들여다볼 용기가 생기는 것 같아요. '맞아, 나도 그렇지.'라는 말이 절로 나오면서요. 이렇게 잠시 나를 무장 해제하고 '나만 이런 문제가 있는 게 아니었네.' 안심하는 것만으로도 마음은 꽤 편안해집니다. 자신을 못마땅하게 여기던 마음이 멈칫하고, 또 누그러들어서요.

무가치감의 트랜스?

●

심리학에서 트랜스(trans)란 마치 최면에 걸린 것처럼 깨어 있을 때와는 다른 상태를 말합니다. 어쩌면 여러분도 자신이 못나고 쓸모없고 무가치하다는 생각과 감정에 빠져 본 적 있을 텐데요. 한국처럼 극심한 경쟁과 다방면의 비교가 흔한 환경에 살다 보면 누구라도 그럴 겁니다. 하지만 SNS에 가득한 사진과 글들은 대부분 타인에게 보여 주고 싶은 순간만을 확대하고 필터링한 삶의 조각들이라, 그들도 나처럼 힘든 시간을 겪을 거라는 생각이 잘 들지 않습니다.

타라는 이럴 때 사람들이 끊임없이 자기 개선 프로젝트에 착수하거나, 실패를 무릅쓰기보다 안전을 도모하고, 때로는 계속 일만 한다고 해요. 또는 자기 스스로를 비난하거나 타인의 잘못에 늘 초점을 맞추어 남 탓의 달인이 되기도 합니다. 그런데 이런 전략들은 모두 무가치감의 악순환, 즉 '트랜스 상태'를 유지시키는 불안정감을 오히려 강화합니다. 이때 우리는 자신의 실패나 패배를 타인에게 숨기면서 '나에게 결함이 있다는 수치심'과 '들키는 것에 대한 두려움'에 압도당하죠. 하지만 여기서 탈출할 수 있는 타라만의 명상이 있어요.

무가치감의 트랜스 인식하기

(나, 있는 그대로 받아들이기)

●

무가치감의 트랜스를 지속시키는 믿음과 두려움을 인식할 때 자유가 시작된다. 몇 분 동안 잠시 모든 것을 멈추고 당신의 어떤 면을 습관적으로 거부하고 밀어내고 있는지 생각해 보도록 한다.

- 나의 몸을 있는 그대로 수용하는가?

  (예: 아플 때 나 자신을 탓하는가? 충분히 매력적이지 못하다고 느끼는가? …)

- 나의 마음을 있는 그대로 수용하는가?

  (예: 나 자신을 충분히 지적이지 않다고 판단하는가? 천박하거나 비판적이거나 탐욕스러운 생각을 한다고 나 자신을 부끄럽게 생각하는가? …)

- 나의 정서와 기분을 있는 그대로 수용하는가?

  (예: 우울해지면 나 자신을 비난하는가? 질투를 느끼는 것을 수치스럽게 생각하는가? …)

- 행동 방식 때문에 나 자신을 나쁜 사람이라고 느끼는가?

  (예: 분노의 폭발을 수치스러워하는가? 가족과 친구들과 관계하는 방식에서 항상 충분하지 못하다고 느끼는가? …)

'타인이 우리를 봐 주길 원하는 방식'과 '그들이 우리에게서 보지 않기를 바라는 것'을 숙고해 보면, 우리 자신의 트랜스를 가장 분명하게 지각할 수 있다. 당신이 최근에 시간을 같이 보낸 누군가를, 당신이 좋아하고 존경하지만 잘 알지는 못하는 누군가를 마음에 그려 보라.

- 이 사람이 당신에 관해 알아주기를 가장 원하는 것은 무엇인가?

  (예: 매력적인 나)

- 이 사람이 당신에 관해 지각하지 않기를 바라는 것은 무엇인가?

  (예: 이기적인 나)

하루를 살면서 이따금 멈춰서 자신에게 물어보라.

'이 순간 나 자신을 있는 그대로 수용하고 있는가?'
자신을 판단하지 말고, 단지 자신의 몸, 정서, 생각,
행동과 어떻게 관계하고 있는지를 의식해 보라. 무
가치감의 트랜스를 의식할 수 있게 되면, 우리 삶을
압도하던 그 트랜스는 힘을 잃기 시작한다.

『받아들임』p.47~50

숨기면 욕망, 수용하면 행복의 원천

●

직접 해 보니 어떤가요? 내 안에 스스로 가둬 두었던 나를 조금은 찾았나요? 나를 있는 그대로 수용한다는 말 자체가 생소할 수도 있겠고, 지금 당장은 명상을 할 여유가 부족해 못 한 경우도 있을 겁니다. 어느 쪽이든 괜찮습니다. 모든 일에는 다 때가 있는 법이니까요. 어느 날 문득 내 무가치감의 트랜스가 저절로 드러나는 순간이 오면 일단 따뜻하게 바라보며 어떤 얘기를 하는지 들어 보세요. 다 그럴 만한 이유가 있어 그러는 거겠지, 생각하면서요.

다음 내용은 한 단계 더 깊이 들어가 마음, 특히 욕망의 근원을 찾아보고, 그것이 비난할 대상이 아니라 나를 행복하게 만드는 내면의 원천임을 깨닫기 위한 일종의 '느낌 상상 실험(명상)'입니다. 이 부분을 발췌해서 소개하는 이유는 저도 특별한 사람이 되고픈 욕망이 자주 일어나는 사람인데 저와 비슷한 질문자가 있고, 그에 대한 타라의 답이 지혜롭고 명쾌하고 효과적이기 때문입니다.

타라의 말

(feat. 욕망의 근원 찾기)

●

당신이 갈망하고 있는 내면의 경험과 만나기 위해서는 '당신이 그것을 받는다면, 그것은 당신에게 무엇을 줄까요, 어떤 것일까요?'라는 질문을 자주 반복해야 한다. 질문할 때마다 당신이 바라는 경험이 진정 무엇인지 몸으로 느껴라. 당신이 갈망하는 사랑(이해, 관계, 소속감)을 얻는다면 실제로 어떤 느낌일까?

[Q&A]

⟨질문⟩ 욕망의 근원 찾기 명상을 하면 누군가에게 특별한 사람이 되고 싶다는 욕망에 계속 다다른다. 이 욕망은 잘못된 것인가? 만약 그렇다면, 여기서 벗어나 어디로 가야 하나?

⟨타라의 답⟩ 우리는 사회적 동물이며, 우리의 생존과 번영은 부분적으로 타인의 보살핌에 의존한다. 특별하다는 느낌을 갖고 싶은 것, 어떤 식으로 대우받고 싶은 것, 특별한 파트너이고 싶은 욕망은 지극히 자연스럽다. 하지만, 이 욕망이 지나치면 괴롭

다. … 욕망의 근원 찾기 명상의 목적은 동기를 일으키지만 삶을 통제하거나 제한하지는 않는 내면의 원천과 연결되는 것이다.

당신이 원하는(실제든 상상이든) 사람에 대한 관심에서 벗어나 '특별한 느낌'이라는 내면의 경험을 상상하고 탐험하는 쪽으로 유턴하라. … '따스함과 생동감' 등, 당신이 느끼는 긍정적인 감정으로 당신을 채워라. 그것에 익숙해져라. 이것이 진정 당신이 원하는 것이다. 이것이 특별하다는 느낌이다. 그것은 당신 안에 있다. 행복감의 내면의 원천을 알고 믿어 보라.

『끌어안음』 p.165~167

떠오르는 음식
엄마가 정성껏 끓여 주신 듯
진한 국물에 마음속까지 든든해지는 떡국

제임스 도티

의도를 명확하게 하기

재밌는 소설을 좋아하는 분들에게 추천!
실화 속 주인공이 되어 함께 울고 웃는
실감형 명상 수업

추천 도서

『닥터 도티의 삶을 바꾸는 마술가게』
(제임스 도티, 판미동, 2016)

『INTO THE MAGIC SHOP』
(James R. Doty, Avery, 2016)

이번 책에는 너무나도 유명한 인플루언서와 그 노래에 관한 비하인드 스토리가 있습니다. BTS의 2018년 정규 3집 수록 곡 'Magic Shop'이 『닥터 도티의 삶을 바꾸는 마술가게』를 모티브로 했다고 BTS가 직접 밝힌 후, 제임스 도티(이하 '도티')의 책은 한국에서 출간 2년 만에 베스트셀러 1위에 올랐는데요. 당시 기사로 '방탄소년단이 언급하면 베스트셀러 된다, 책 읽히는 아이돌'이라는 제목의 뉴스를 찾을 수 있습니다.

Magic Shop 노래 가사

어린 짐을 특별하게 대해 준 낯선 어른

●

『닥터 도티의 삶을 바꾸는 마술가게』의 영화 같은 실화 속 주인공 '짐'과 저자 '도티'는 동일 인물입니다. 열두 살의 짐은 생계유지에도 빠듯한 정부 지원금을 술에 탕진하는 아빠와 우울증에 걸려 종일 침대에 누워 있는 엄마와 함께 살고 있었습니다. 짐의 취미는 마술이었고, 우연히 발견한 마술 가게 안에서 갈색 머리의 할머니 루스를 만납니다.

온화한 미소로 짐을 맞이한 루스는 마술 트릭에 대해서는 전혀 몰랐지만, 삶에서 원하는 것을 이뤄 줄 '마음에 관한 마술'에는 능통한 사람이었습니다. 그리고 루스가 마을에 머무르는 6주간 짐에게 이걸 가르쳐 주겠다고 합니다. 짐은 잠시 망설였지만 처음으로 자신의 말을 진지하게 듣고 중요한 사람처럼 느끼게 해 준 낯선 어른의 제안을 받아들여요.

당신이 진짜 이루고 싶은 일이나
되고 싶은 사람의 모습이 있나요?

이 명상은 나의 미래를
구체적으로 상상하고
그때의 감정을
미리 느껴 보는 것이
포인트입니다.

제임스 도티

어린 시절 꿈꾸었던 의사가 되기까지

●

루스가 가르쳐 준 삶의 기술을 활용하기 시작한 짐은 몇 시간 동안 방에서 홀로 그 기술을 연습하고 있다가, 살던 집에서 퇴거 통보를 받고 말다툼을 시작한 부모님에게 불현듯 다가가 사랑한다고 말합니다. 부모님을 과거와 다른 방식으로 보게 되면서 스트레스를 받을 만한 상황에서도 화내거나 당황하지 않게 된 겁니다. 루스는 짐이 자신의 감정과 생각에 대해서 생각(메타 인지)하고, 새로운 관점을 갖도록 이끌어 주었습니다.

짐은 어느 날 의사가 되겠다는 꿈이 생겼습니다. 하지만 성적이 낮고 학비가 없음은 물론 주변 누구도 대학에 가 본 적 없는 환경에서 의대에 가기란 쉽지 않았습니다. 그러나 루스의 명상 수업을 통해 짐은 의사가 된 자신의 모습을 구체적으로 상상했고, 우여곡절 끝에 그 목표를 이룹니다.

성공한 신경외과 의사가 된 이후에도 짐의 삶에는 드라마틱한 사건과 변화들이 여러 번 생기는데요. 제가 이 글을 쓰느라 다시 보면서도 재미있어 빠져들고, 울컥해지는 감동 포인트가 곳곳에 있는 책이니 기회가 되면 꼭 한번 읽어 보기를 추천합니다.

의도를 명확하게 하기

●

당신이 진짜 이루고 싶은 일이나 되고 싶은 사람의 모습이 있나요? 이 명상은 나의 미래를 구체적으로 상상하고 그때의 감정을 미리 느껴 보는 것이 포인트입니다. 더불어 그 목적이나 비전이 다른 사람에게 해를 끼치거나 나쁜 의도가 아니어야 한다는 점이 중요합니다.

의도를 명확하게 하기 명상은 자신의 목적이나 성취하고 싶은 바를 생각하고, 그것을 이미 달성한 자신을 떠올리며 그 꿈이 현실이 되었을 때의 긍정적인 감정을 느껴 보는 과정으로 이루어집니다. (자세한 내용은 『닥터 도티의 삶을 바꾸는 마술가게』 p.156~157을 참고하세요!)

이 명상은 미국을 넘어 한국에서도 최고의 인기 도서였던 『시크릿』(살림Biz, 2007)에 나오는 끌어당김의 법칙과 비슷합니다. 이걸 1960년대 말에 배운 짐은 엄청난 얼리어답터였네요.

루스의 마술을 세상에 전하겠다는 약속

●

짐은 사람들이 마음을 열고 서로에게 친절할수록 더 행복하고 건강해진다는 사실을 직관적으로 알고 있었지만, 사람들에게 이걸 알리려면 과학적인 입증이 필요함을 느꼈습니다. 그래서 관련 연구를 진행 중인 동료들을 찾아 함께 논의하는 '프로젝트 컴패션(compassion)'이라는 정기 모임을 시작했어요. 그리고 당시 명상과 연민이 뇌에 미치는 효과에 대한 연구를 지지하던 달라이 라마의 이름을 듣고, 주변을 수소문해 스탠퍼드대학의 주요 인물들과 함께 그를 만납니다.

짐의 연민 연구에 깊은 관심을 보인 달라이 라마는 그 자리에서 큰 금액의 개인적인 기부를 약속합니다. 이 기부에 감명을 받은 두 명이 추가 기부를 했고, 그중 한 명은 앞서 소개했던 구글의 엔지니어 차드 멩 탄이었습니다. 짐이 시작한 개인 프로젝트는 이렇게 '연민과 이타심 연구 및 교육센터 (CCARE, Center for compassion and Altruism Research and Education)' 라는 이름으로 스탠퍼드 의대의 공식 기관이 되었어요. 이곳에서 이루어진 연구의 성과는 바로 다음 명상셰프인 툽텐 진파의 이야기에서 나옵니다.

이 글을 읽으며 여러분도 루스의 마술을 배우고 싶다는 생각이 들었나요? 그렇다면 짐은 루스와의 약속을 무사히 지킨 것 같아요. 어린 짐은 루스의 마술을 배워 다른 사람들에게도 가르쳐 주기로 그 시절 루스에게 약속했었거든요.

떠오르는 음식
퀄리티 최상,
소금만 찍어도 맛있는 인생 스테이크

툽텐 진파

시그니처 명상

자애 & 자비 명상

타인이 싫어서, 혹은 타인에게 휘둘려
인간관계가 어려운 분들을 위한
자비심 백과사전

추천 도서

『두려움 없는 마음』

(툽텐 진파, 하루헌, 2019)

『A FEARLESS HEART: How the Courage to Be
Compassionate Can Transform Our Lives』

(Thupten Jinpa, Avery, 2015)

앞서 제임스 도티가 스탠퍼드대학에서 '연민과 이타심 연구 및 교육센터(CCARE)'를 설립하고 자비 명상 프로그램(CCT, Compassion Cultivation Training)을 개발하는 과정에 아주 크게 기여한 사람이 있습니다. 달라이 라마의 오랜 영어 통역사이자, 맥길대학교 티베트불교철학과 겸임 교수인 툽텐 진파(이하 '진파')입니다.

그는 인도에 망명한 티베트인으로서, 집안의 반대에도 불구하고 열 살에 출가해 승려 생활을 시작했습니다. 영특한 소년이었던 진파는 불교뿐만 아니라 영어 공부에도 두각을 나타냈고, 우연한 기회에 달라이 라마의 영어 통역을 맡게 되어 이후 30년간 달라이 라마의 강연 통역과 저서 번역에 참여해요. 그는 자신의 사명이 티베트 불교 전통과 현대를 잇는 다리와 같은 역할이라고 말합니다.

자비심에 대한 두려움

영국의 정신과 의사인 폴 길버트는 사람들이 자비심에 대해서 갖는 본능적인 거부 반응을 발견했습니다. 그리고 이 두려움을 세 가지 영역으로 구분했는데 (1) 타인에게 자비심을 베푸는 것에 대한 두려움 (2) 타인이 베푸는 자비심에 대한 두려움 (3) 자기 자신을 위해 베푸는 자비심에 대한 두려움입니다. 혹시 나도 여기 해당되는지 알아보는 테스트는 이렇습니다.

[두려움 1에 해당] 내가 지나치게 자비로우면 사람들이 나를 이용하거나 나에게 의지할 것이다. 나는 다른 사람의 고통을 감당하지 못할 것이다. 문제는 각자 스스로 해결하는 것이다.

[두려움 2에 해당] 나에게 뭔가를 얻으려고 친절한 것이다. 누군가 나에게 친절하면 경계심을 느낀다. 도움을 요청했을 때 받게 될 거절이 두렵다.

[두려움 3에 해당] 나 자신에게 너무 자비로우면 내가 원치 않는 모습으로 변하거나 나약해질 것이다. 자기 연민과 슬픔에 빠질까 두렵다.

『두려움 없는 마음』 p.92~95 변용

대부분의 사람들이 이런 두려움을 가집니다. 하지만 그 두려움의 진짜 이유는 자비심에 대한 다양한 오해 때문입니다. 자비심은 '마음을 열고 상대의 고통을 받아들이는 일'이고, 만약 상대에게 선뜻 다가가지 못한다면 그것은 상대방(혹은 자신)의 문제에 대한 대처법을 몰라서 그럴 확률이 높습니다.

또한 자비로우면 '상대방을 위해 무엇이든 다 해야 한다.'라고 생각하는 대신 '상대방이 스스로 해결하도록' 도울 뿐이라고 생각하세요. 만약 상대방의 문제를 내가 해결할 수 없다는 무력감을 느낀다면, 우리가 모든 고통을 해결할 수는 없다는 점을 겸손하게 인정하는 것이 자비심을 유지하는 데 좋습니다.

자비심은 도덕적 의무라기보다 '상황을 더 효과적으로 해결'하기 위한 삶의 방식이자 마음의 태도입니다. 잘못을 저지른 사람에게 책임을 묻고 불의를 바로잡는 순간에도 그 사람의 입장에서 왜 그런 행동을 했는지 생각해 볼 수 있다고 진파는 말합니다. "죄는 미워하되 사람은 미워하지 말라."라는 기독교의 금언처럼요.

툽텐 진파도 사람과의 관계에서
아프고 상처받지만
그럴 때 자신의 감정이 어디서 오는지
이해하려고 노력합니다.

마음은 연다는 것은
상처받기 쉬워지는 길이기도 하지만
더 경험하고 배우며
지혜로워지는 길이기도 합니다.

진파의 말

●

스탠포드 자비심 함양 프로그램의 목표는 분명하
다. 단순히 자비심을 중요한 인간 가치 가운데 하나
로 부각시키거나 다른 사람에 대한 공감 수준을 높
이는 것이 목표는 아니다. 자기 자신을 바라보고 타
인과 소통하는 방식부터 자녀를 올바르게 양육하
고 나를 둘러싼 세상과 건강한 관계를 맺는 방법까
지, 우리 삶의 모든 측면을 관통하는 기본적인 원리
로서 자비심을 기를 수 있는 체계적인 수행법을 제
공하는 것이 이 프로그램의 목표이다.

『두려움 없는 마음』 p.102

알아 두면 쓸모 있는 자비심 잡학사전

●

진파의 성장 배경 전반에 티베트 불교의 영향이 있지만, 그의 책은 A to Z 자비심에 초점을 맞추어 자비심이란 무엇인지, 어떻게 자비심을 길러 더 나은 삶을 살아갈지 이야기합니다. 때로는 많은 교육을 받은 사람일수록 냉소주의에 빠져 인간애를 상실하는 경우를 보는데, 그 이유는 자신이 모르는 것이 많다는 사실을 타인이 알아차릴까 봐 두려워서라고 합니다.

진파도 물론 사람들과의 관계에서 아프고 상처받지만, 그럴 때 자신의 감정이 어디서 오는지 이해하려고 노력합니다. 감정적 고통은 대부분 실망감에서 비롯되고, 실망감은 기대한 것이 이루어지지 않을 때 생깁니다. 자신의 이런 마음들을 이해하면 고통을 다루기가 한결 수월하죠. 마음을 연다는 것은 상처받기 쉬워지는 길이기도 하지만, 더 경험하고 배우며 지혜로워지는 길이기도 합니다.

제가 진파의 책에서 새롭고 흥미로웠던 부분은 자비심에 대한 다각도의 분석이었습니다. 자비심을 크게 둘로 나누면 자심(자애)과 비심(자비심)이 있고, '자심(慈心)'은 '다른 사람이 행복하기를 바라는 마음', '비심(悲心)'은 '다른 사람이 고통에서 벗어나기를 바라는 마음'입니다.

또한 자애에 두 가지 적이 있는데, 자애와 정반대인 '먼 적'과 마치 자애 같지만 오히려 고통이 되는 '가까운 적'이 있다는 겁니다. 자애의 먼 적은 '악의'이고, 가까운 적은 '이기적인 애정'이나 '집착'입니다. 더불어 자비심을 자기 연민이나 자기만족과 구분하는 법도 책에 있으니 참고하세요. 그럼 이제 진파가 추천하는 명상을 함께 경험해 볼까요?

톱텐 진파의 시그니처 명상

자애 & 자비 명상

●

자리에 편안하게 앉아 마음을 가다듬는다.
3~5회의 깊은 복식 호흡 후, 1~2분간 호흡을 세거나 가만히 바라본다.
내가 가장 사랑하고 아끼는 사람을 떠올린다(사진을 봐도 되고, 머릿속으로만 떠올려도 됨).

그 사람을 생각하며 느껴지는 감정을 바라보고 충

분히 느낀다.

아래 구절을 천천히 읊는다.

(자애 명상은, 그 사람에게 따뜻하고 애정 어린 감정을 일으키며)

당신이 행복하기를…
당신이 고통에서 벗어나기를…
당신이 건강하기를…
당신이 평화와 기쁨으로 충만하기를… (반복)

(자비 명상은, 그 사람이 힘든 상황에 처했던 때를 떠올리며)

당신이 고통에서 벗어나기를…
당신이 불안과 두려움에서 벗어나기를…
당신이 평화와 안정을 찾기를… (반복)

『두려움 없는 마음』 p.159~161 변용

행복의 역설

●

진파는 "우리가 자신의 행복에 관심을 덜 기울일수록 더 행복해진다."라는 행복의 역설을 소개합니다. 사람들은 최고로 행복한 순간에 자신의 존재를 잊는 경험을 하고, 사랑이 샘솟을 때 자신의 자아를 벗어나 깊은 행복감을 경험합니다. 『인간관계론』을 쓴 데일 카네기가 많은 친구를 사귀려면 자신보다 타인에게 더 관심을 기울이라고 말한 것과 비슷하게, 현대의 수많은 스트레스와 외로움을 치유하는 데 나 자신을 향한 관심보다 타인을 향한 자비심이 더 강력한 효과를 낼 수도 있지 않을까 생각해 봅니다.

떠오르는 음식
이 가격에 이 양이 맞나,
푸짐한데 맛까지 있는 전통 시장 손칼국수

재클린 카터
라스무스 호가드
제니스 마투라노

시그니처 명상

마음챙김 회의

업무와 조직 관리에
명상을 활용하고 싶은 임직원이라면
꼭 읽어 봐야 할 기업용 명상 필독서

추천 도서

『생각의 판을 뒤집어라』

(제니스 마투라노, 불광출판사, 2015) ※한국어판 절판

『FINDING THE SPACE TO LEAD』

(Janice Marturano, Bloomsbury Press, 2014)

『성공을 부르는 리더의 3가지 법칙』

(라스무스 호가드 & 재클린 카터, 한국경제신문, 2020)

『THE MIND OF THE LEADER』

(Rasmus Hougaard & Jacqueline Carter, Harvard
Business Review Press, 2018)

일 잘하는 사람(일잘러)이 되기 위한 많은 방법과 원칙들이 있습니다. 이번 명상셰프들 중 1인, 제니스 마투라노(이하 '제니스')는 초코시리얼 첵스를 만든 유명한 식품회사, 제너럴 밀스의 부사장 겸 사내 변호사로 오랜 기간 일했습니다. 누가 봐도 일잘러인 사람이죠.

하지만 회사의 거대 합병과 부모님의 연이은 죽음이 겹치는 기간 동안 쉬지 않고 일하다 내면의 큰 어려움을 맞이합니다. 이 글은 그녀가 어떻게 이런 위기를 극복하고 그 방법을 다른 사람들에게 전파하게 되었는지에 관한 이야기입니다.

제니스가 명상을 시작한 날

●

사람들에게 물어보면, 업무 강도가 높은 일터에서 일하다 번아웃이 와서 이렇게는 도저히 못 살겠다 싶어 명상을 시작하는 경우가 꽤 자주 있습니다. 제니스는 지친 심신을 위한 휴가지를 찾다가 한 리조트에서 진행하는 '기업과 경영진과 간부를 위한 존 카밧진의 수련회'라는 6일짜리 프로그램에 호기심이 생겼습니다. 존 카밧진의 미생물학 박사 학위 이력을 보고 그녀는 적어도 이 프로그램이 과학에 근거한 내용이겠다는 믿음으로 참가 신청을 했어요. 그 6일간의 명상 경험은 제니스의 삶을 크게 바꾸어 놓았습니다.

마음챙김 리더십 연구소를 설립하기까지

●

제니스는 우리가 명상을 통해 '공간'을 만들어 낼 수 있다고 말합니다(처음 소개한 명상셰프, 앤디 퍼디컴의 헤드스페이스가 생각나네요!). 숨 쉴 공간, 몸과 마음을 정화하고 가다듬을 공간, 자기 자신과 타인에게 귀 기울일 공간이요. 이런 공간은 우리가 패턴화된 반응(예: 사무적으로 고객 응대하기) 대신 의식적인 선택(예: 고객을 사람으로 대하기)을 할 수 있게 도와줍니다. 제니스는 회의에 참석하는 동안 자신이 얼마나 딴생각을 하는지, 사무실에 앉아 점심을 먹으면서도 이메일을 체크하느라 수프 맛을 전혀 느끼지 못하고 있음을 알게 해 준 것이 명상이라고 해요.

그녀는 명상을 시작하고 몇 년간 그 사실을 주변 동료들에게 숨겼습니다. 강하고 날카로운 자기주장이 필요한 변호사라는 직업에 느긋하게 앉아 있는 명상이 안 어울린다는 시선을 받을까 걱정했기 때문입니다. 그럼에도 꾸준히 명상 수련을 하며 삶이 나아짐을 느꼈고 더 깊은 배움을 위해 모임에 참여하고, 다니던 센터의 자문 위원이 되고, 마음챙김 리더십 커리큘럼을 개발해 5년간 사람들을 가르쳤습니다. 그러다 본인이 속한 회사의 리더와 직원들에게 마음챙김 리더십 교육을 진행하기도 했습니다. 이 교육은 차드 멩 탄의 구글 SIY 프로그램이 그랬듯 많은 인기를 끌면서 다른 조직으로 확산되었고, 2010년에는 명상을 시작한 지 약 10년 만에 '마음챙김 리더십 연구소'를 설립합니다.

직장에서 필요한 네 가지 탁월함

여러분이 생각하는 좋은 리더는 어떤 사람인가요? 탁월한 리더십을 발휘한 실제 인물을 한 명 떠올려 보고, 그 사람의 어떤 면 때문에 그가 떠올랐는지 생각해 보면 좋은 리더의 공통된 특징들을 알아낼 수 있습니다. 제니스가 사람들과 찾은 탁월한 리더십의 특징은 정중함, 열린 사고, 연민, 명확한 비전, 영감을 북돋는 능력, 경청, 창의성, 인내심, 협력, 친절, 가르침이었습니다. 그리고 모든 조직에서 리더는 구성원들에게 가장 큰 영향을 미치는 사람이기에 크게 두 가지 영역에서 뛰어난 능력을 발휘해야 하는데, 하나는 관계 맺기이고, 다른 하나는 변화를 '능숙하게' 불러일으키는 것입니다. 여기서 능숙하다는 의미는 명령과 통제보다는 협력과 경청으로 사람들을 리드한다는 뜻입니다(물론 때로는 명령과 통제가 더 필요하지만요).

위 두 가지 특성을 더 깊이 보면 집중력, 명료성, 창의성, 연민이 탁월한 리더십에 필요한 네 가지 요소입니다. 이 네 가지 요소는 마음챙김 리더십 수련을 통해 기르고 강화할 수 있어요. 한 가지씩 조금 자세히 살펴보면 다음과 같습니다.

1. 집중력은 생산성을 높이고 경청을 위해서도 필요합니다. 마음챙김 명상은 주의가 흐트러진 마음을 알아차리고 현재로 되돌려 집중력을 높입니다.

2. 명료성은 예상하거나 보고 싶은 것만 보는 착각에서 벗어나 사실을 있는 그대로 보는 것입니다. 있는 그대로 명확히 보는 것이 명상의 주요한 목표입니다.

3. 창의성은 말 그대로 창의적인 아이디어와 혁신적인 해결책을 찾는 능력입니다. 명상으로 확보하는 마음의 공간은 창의성의 발휘에 도움이 됩니다.

4. 연민은 일터에서 자신과 타인의 행복을 돌보는 능력입니다. 자신과 타인의 고통을 이해하고 우리 모두가 인간이라는 유대감을 키우는 명상 방법들이 많이 있습니다.

제니스의 말

●

왜 거의 모든 직능 계발 프로그램에는 각자의 가치를 발견하는 과정이 들어 있지 않은 걸까? 마음챙김 리더십 수련의 핵심은 자기를 더 깊이 이해하는 것이다. 그리고 자신의 가치들을 아는 것은 자기를 이해하는 데서 중요한 요소다.

무엇이 자신의 가치이며 그 가치들이 자신을 어떻게 정의하는지를 안다면, 선택의 기로에서 당신을 안내해 줄 나침반을 얻은 것과 같다.

『생각의 판을 뒤집어라』 p.131

캐서린, 괜찮아요?

●

대부분의 기업들이 각자의 가치관과 슬로건을 지닙니다. 하지만 그 가치관이 모든 임직원의 마음속까지 스며들어 원팀(One-Team)으로 움직이는 경우는 흔치 않습니다. 마음챙김 리더십은 팀원 한 명 한 명과 진정으로 소통하고 이해하려는 노력을 포함합니다.

마음챙김 리더십의 한 예로 이 책에 등장하는 영업 이사 베스는 중요한 임무를 수행하지 못한 직원 캐서린과 마주 앉았을 때 자신의 좌절감과 분노를 알아차립니다. 그리고 베스는 잠시 의도적으로 멈춘 채 자동으로 떠오르는 비난의 말들을 흘려보낸 후, 캐서린의 상태가 좋지 않음을 느끼고 "캐서린, 괜찮아요?"라고 물어봅니다(알고 보니 캐서린은 남편의 퇴행성 신경 장애가 낫지 않아 얼마전 치료를 중단한 힘든 상황이었어요).

돈 먹는 하마, 회의

●

회의 시간을 돈으로 환산하면 참석자들의 시급을 모두 더해야 하므로 상당히 큰 비용이 됩니다. 효율적이고 생산적인 회의를 하고 싶은 마음은 거의 모든 직장인들의 희망 사항일 텐데요. 제니스가 추천하는 마음챙김 회의 방식을 도입한다면 지금까지 해 오던 회의와는 전혀 다른 새로운 관점과 아이디어를 얻게 될지도 모릅니다.

제니스 마투라노의 시그니처 명상
마음챙김 회의

●

회의에 참석하기 위해 걸어가는 동안 호흡에 주의를 기울인다. 주의가 다른 곳으로 분산되는 것을 알아차리면 다시 호흡으로 주의를 되돌린다. 회의실에 도착해 의자에 자리를 잡고 앉을 때는 몸의 움직임 하나하나에 주의를 기울인다.

회의 시간에 오가는 말에 주의를 온전히 기울이겠다는 결의를 강하게 한다. 자신의 기대에 갇히지 말고 앞으로 일어날 일들에 대해 마음을 활짝 열고 호기심을 강하게 갖는다. 회의가 진행되는 동안 마음이 배회하는 것을 발견했을 때는, 다른 사람의 말을 듣지 못하게 하는 산만한 생각이나 판단은 잠시 내려놓고 호흡이나 몸의 감각에 잠시 주의를 줌으로써 주의를 현재로 돌려놓는다.

회의가 끝난 후에는 자신이 어떻게 회의에 참가했는지 반추하는 시간을 잠시 갖는다. 당신 자신에 관해, 회의실 안의 다른 사람에 관해, 회의의 효율성 아니면 비효율성에 관해 당신은 무엇을 알아차렸는가? … 스마트폰과 노트북을 켜지 말라는 규제가 시간을 벌어 주었는가? 회의가 진솔함을 소중하게 여기는 분위기로 진행되었는가?

『생각의 판을 뒤집어라』p.115

⁓⁓⁓⁓⁓

※ 책에 나오는 아래 말은 마음챙김 회의의 핵심 자세를 한 줄로 요약해 줍니다.
"지금 회의에 참석하는 것보다 더 중요한 일이 있다면 그 일을 먼저 해결하세요. 회의에 온전히 참석할 수 있을 때 오세요."
『생각의 판을 뒤집어라』p.112

리더를 위한 M, S, C 리더십

●

그런데 아쉽게도 제니스의 책은 2024년 6월 기준 한국에서 절판되었으니 꼭 읽어 보고 싶은 분들은 중고 도서나 원서를 찾아보길 바랍니다. 그래서 일잘러가 되기 위한 두 번째 명상 책을 준비했는데, 바로 라스무스 호가드와 재클린 카터(이하 '호카')가 함께 쓴 『성공을 부르는 리더의 3가지 법칙』입니다. 서점에서 우연히 발견해 탄탄한 구성의 목차를 보고 이끌려 읽게 된 책으로, 저자들의 20년 현장 경험이 녹아 깊이와 흡입력이 있으면서 실용적이었어요.

호카는 '3가지 법칙'이라는 제목처럼 명상의 종류도 세 가지, 명상을 적용할 영역도 세 가지로 분류합니다. 마음챙김(Mindfulness), 자기 비움(Selflessness), 연민(Compassion)을 각각 자기 자신, 동료, 조직을 이해하고 리드하는 데 활용해요. '마음챙김'의 선명한 집중과 열린 알아차림으로 자신의 산만함을 극복하고 내면에서 일어나는 생각들을 관찰해 현명한 판단을 내리고, '자기 비움'의 겸손함은 직원들의 에너지가 일터에서 자연스럽게 흘러나오도록 유도하고, '연민'의 지혜와 행동력은 조직에서 다른 사람들의 고통을 줄일 방법을 능숙하게 찾고 실행하게 만듭니다.

'마음챙김'의 선명한 집중과
열린 알아차림은 내면의 생각을
관찰해 현명한 판단을 내리고

'자기 비움'의 겸손함은
직원들의 에너지가 일터에서
흘러나오도록 유도하고

'연민'의 지혜와 행동력은
조직에서 다른 이의 고통을 줄일
방법을 찾아 실행하도록 합니다.

제니스 마투라노 · 라스무스 호가드 · 재클린 카터   **105**

리더를 위한 호카의 조언들

●

느낌적으로 어렴풋이 알던 내용을 정돈된 말로 정확히 표현했을 때, 그 내용은 드디어 타인에게 제대로 전달될 수 있습니다. 이런 면에서 호카의 글은 명료하고 체계적이라서 읽는 이들에게 마음챙김 리더십이 무엇인지 확실하게 알려 줍니다. 예를 들면 마음챙김의 요소에서 '선명한 집중'이란 하고 있는 일에 오롯이 마음을 기울일 수 있는 능력, '열린 알아차림'이란 자기 내면과 주변 환경에서 무엇이 일어나고 있는지 알아차리는 능력이라고 정의합니다. 더불어 이에 대한 세부 설명과 일터에서 적용된 실제 사례, 이 능력을 훈련하는 방법도 적혀 있어요.

그리고 호카의 조언은 기업의 리더들뿐만 아니라, 공적이든 사적이든 크고 작은 조직이나 모임을 이끌어 가는 데 두루 활용될 수 있습니다. 제가 밑줄 그으며 읽었던 몇몇 문장들을 공유해 드릴 테니 어떤지 한번 살펴보세요.

호카의 말

●

1. 모든 사람은 '내가 하는 행동과 작용은 항상 의식적으로 통제하고 있다.'라고 철석같이 믿고 있다. 하지만 이것은 강력한 환상일 뿐이다. 과학자들이 측정한 바에 따르면, 일상적으로 하는 행동의 약 45%는 의식적 자각 없이 자동적으로 일어나는 반작용이다.

별다른 의도가 없는 상태에서 자기도 모르는 사이에 남에게 나쁜 영향을 주는 경우가 의외로 많다. 그러므로 자신의 미묘한 작용과 행동을 빨리 폭넓게 알아차리고, 자동 조종 모드에서 일어나는 해로운 행동을 없애는 것이 매우 유익하다.

2. 리더가 행복의 원천을 깊이 이해하면, 사람들이 더 의미 있게 각자의 목적을 잘 이루도록 도울 수 있다. … 많은 사람들이 행복에 대해 크게 두 가지를 착각한다. 첫째 '행복은 외부에서 비롯된다'라는 믿음, 둘째 '즐거움이 행복이다'라는 잘못된 인식이다. … 쾌락과 행복은 완전히 다른 현상이

다. … 진정한 행복은 지속되는 웰빙과 성취감을 경험하는 것이다. 진정한 행복이란 의미가 있고 목적이 있으며 긍정적인 삶을 장기적으로 경험하는 상태이다.

3. 행복 중독이란 무언가를 하려는 충동을 통제할 수 없고 가만히 있으면 불편해지는 현상이다. … 35만 명 이상의 사람들을 조사한 결과 우선순위가 낮은 일에 평균 41%의 시간을 낭비한다. … 행복 중독에 빠진 사람들은 끊임없이 단기적인 성취를 추구하느라 정작 더 중요하고 큰 목표를 잃어버린다. … 마인드풀니스(마음챙김) 훈련은 선명한 집중과 충동 조절 능력을 향상시킨다.

『성공을 부르는 리더의 3가지 법칙』 p.65~66, 76~80, 105~107

성공을 위한 명상, 사탕수수에서 뽑아낸 설탕

●

어떤 이는 명상이 본래의 목적이나 방향을 벗어나 성공을 위한 도구로만 활용되는 것을 경계하기도 합니다. 시장의 수요에 맞추어 행복이나 성공을 위한 기술로 패스트푸드처럼 개발된 명상을 '맥마인드풀니스(McMindfulness)'라 부르고, 로널드 퍼서는 동명의 책 『마음챙김의 배신』(필로소픽, 2021)을 내기도 했습니다. 저도 이런 주장에 공감하며, 성공을 위한 명상에는 빛과 그림자가 함께 있다고 생각해요. 마치 사탕수수를 섬유질과 함께 통째로 먹지 않고 설탕만 추출해 먹을 때 더 달고 요리에 사용하기 편하지만 과하게 먹으면 부작용이 생기는 것처럼요. 그리고 때로는 포장지만 명상인 무언가도 있으니, 명상의 맛을 구분하는 자신만의 미각을 명상맛집 투어에서 키워 보길 바랍니다.

떠오르는 음식
호텔 경력 20년 주방장의 자존심,
촉촉한 패티와 바삭한 빵이 어우러진 수제 햄버거

비디아말라 버치

대니 펜맨

시그니처 명상

즐거움의 보고 명상

통증과 싸우고 있다면,
아픈 몸과 함께라도 덜 아프게 사는 법을
알려 줄 명상 평화 협정

추천 도서

『기적의 명상 치료』

(비디아말라 버치 & 대니 펜맨, 불광출판사, 2015)

『Mindfulness For Health』

(Vidyamala Burch & Danny Penman, Piatkus, 2013)

통증(pain)을 유심히 관찰해 보면 1차 통증과 2차 통증이 있다는 사실, 알고 있나요? 1차 통증은 질병, 혹은 신체나 신경계에서 입은 손상으로 '몸이 뇌로 보내는 정보' 그 자체이고, 2차 통증은 1차 통증에 뒤따라오는 '마음의 반응'입니다.

그리고 1차 통증이 발생하면 우리의 마음은 이걸 해소할 방법을 찾기 위해 돋보기로 확대하는데, 이 확대 작용이 음악의 볼륨을 높이듯 2차 통증을 증폭시킨다고 해요. 그 증폭에는 신체적 고통뿐만 아니라 통증에 대한 생각이나 감정, 스트레스, 미래에 대한 불안 등도 한몫을 합니다.

큰 사고를 겪은 두 환자의 명상 처방전

●

비디아말라 버치(이하 '버치')는 스물세 살 크리스마스 연휴 부모님 댁에 다녀오는 길에 친구의 차를 얻어 타고 오다 큰 사고를 당했습니다. 병원에 도착해서 발견한 건 여기저기 부러지고 다친 뼈였지만, 그보다 큰 문제는 과거의 척추 부상이 사고로 더 골절되어 큰 수술을 두 번이나 받게 된 것이었습니다. 몇 달 후 일터로 복귀했으나 2년쯤 지나 완전히 무너진 몸으로 다시 병원에 왔고, 미칠 듯이 아픈 어느 날 밤 깨달음이 찾아왔습니다.

'더 이상은 못 참아.', '아니, 견뎌야 해.'라는 생각이 오가던 사이 문득 '아침까지 견딜 필요 없어. 그냥 지금 이 순간만 견딜 수 있으면 돼.'라는 새로운 관점에 눈을 뜬 겁니다. 이후 마음을 이용해 고통을 줄이는 방법을 찾아 정기적으로 명상을 했고, 건강은 계속 좋지 않아 재수술까지 받았지만 마음은 이전보다 더 차분해졌습니다. 그녀는 힘들었던 시기를 돌이켜 보며 자신의 경험을 토대로 브레스워크(breathworks) 호흡법 치료센터를 열고, 마음챙김 기반의 통증 관리 프로그램을 개발했습니다.

대니 펜맨(이하 '펜맨')의 시련은 패러글라이딩을 하다 10 미터 아래 산비탈로 추락한 것이었습니다. 눈을 떠 보니 오른쪽 다리 종아리뼈가 허벅지를 뚫고 나온 상태였는데, 시험 불안증을 해소하는 방법으로 고교 시절 배운 명상법이 기억나 끔찍한 통증 속에서 심호흡을 시작했습니다. 아름다운 정원에 있는 상상도 하면서 호흡 명상을 했고, 통증과 점점 멀어지는 경험을 해요.

하지만 명상은 잠깐의 진통제가 되어 주었을 뿐, 큰 부상에 따른 이후의 수술과 고통은 불면과 불안과 스트레스로 이어졌습니다. 그는 통증을 극복하고 회복 가능성을 높일 방법으로 명상을 선택했고, 옥스퍼드대 임상심리학 교수인 마크 윌리엄스(다음 편에서 소개할 명상셰프!)의 명상 프로그램으로 좋은 효과를 얻었습니다.

버치와 펜맨(이하 '버펜')이 함께 쓴 『기적의 명상 치료』는 영국의학협회의 '2014년 일반의학 부문 최고의 책'으로 선정되고, 25개 이상의 언어로 번역되었습니다.

친절한 버펜 씨

●

버펜의 책은 제가 본 명상 책들 중에서 친절하기로 손에 꼽습니다. 앉아서 하는 명상과 누워서 하는 명상 자세의 좋은 예와 나쁜 예를 그림으로 보여 주고, 8주간 하루 10~20분 주 6일씩 진행되는 명상 프로그램을 책만 보고도 따라 할 수 있을 정도로 자세히 설명해 주거든요. 또한 명상 수련 과제에 페이스 조절 일기 쓰기, 습관 해방시키기 등 생활 밀착형 명상 주제들을 덧붙여 놓았습니다.

만약 지금 통증으로 하루하루가 힘들다면, 이 책으로 버펜의 '마음챙김에 기반을 둔 통증 관리(MBPM, Mindfulness-Based Pain Management)' 프로그램을 시작해 보길 추천합니다. 혼자서 지속하기 어렵다면 나와 비슷한 상황인 이들을 찾아서 함께 시작해도 좋습니다. 다만 책의 첫머리에 나오는 안내 문구와 같이, 이 프로그램에서 자신의 몸 상태와 관련해 혹시 의심스러운 부분이 있다면 의사의 조언을 구하고, 명상은 약물이나 운동의 대체품이 아니니 기존의 치료와 병행하기를 바랍니다. 자신의 몸에 대한 책임은 스스로에게 있습니다.

몰라봐서 미안하다, 통증

●

과거에는 같은 부상을 입으면 모두가 똑같이 통증을 느낀다 생각했지만, 1960년대 이후에는 몸이 뇌에 신호를 보내도 신경계의 '문(gate)'이 열려야 의식이 통증을 경험한다는 '문 조절 이론'에 대한 연구가 진행되었습니다. 그 결과 통증은 몸과 마음 양측에서 전달된 정보를 뇌가 해석한 것이고, 마음속 생각과 감정이 통증의 강도에 큰 영향을 미친다는 사실이 밝혀졌어요.

그리고 통증에 관한 상식 하나 더, 통증에는 세 가지 종류가 있는데 급성·만성·신경병성 통증입니다. 급성은 상처를 입으면 나타나는 즉각적인 반응(앗 뜨거 등), 만성은 3개월 이상 지속되는 통증(아이고 무릎이야 등), 신경병성은 명확한 원인을 찾기 어려운 신경계의 통증(귀에서 나는 윙윙 소리 등)을 말합니다. 버펜의 명상 프로그램은 만성과 신경병성 통증에 주로 효과적이지만, 평소 몸에 익혀 두면 급성 통증에도 쓸 수 있습니다.

버펜의 말

●

마음챙김에 기반을 둔 통증 관리(MBPM)는 최근까지 서구 사회에서는 잘 알려지지 않았던 고대의 명상법을 이용한다. 명상은 보통 몸으로 흘러 들어오고 흘러 나가는 호흡에 초점을 맞추어 이루어진다. 이렇게 하면 당신은 자신의 마음과 몸이 활동하는 모습을 볼 수 있고, 아픈 감각이 일어나는 것을 관찰하고, 그 아픔과의 싸움을 내려놓을 수 있다.

과학자들 사이에 격언이 하나 있다. '저항하면 지속된다.' 다른 말로 하면 당신이 마음과 몸이 보내는 메시지에 저항하면 그 메시지들은 받아들여질 때까지 계속해서 발송되고 느껴진다는 것이다. … 하지만 만약 당신이 이런 메시지를 마음챙김으로 받아들인다면, 이 메시지들은 자기의 임무를 다한 것이기 때문에 저절로 사라져 버리는 경향이 있다. 마음챙김 명상은 안전한 느낌, 공간이 넓어진 느낌을 만들어 주기 때문에 그 안에서 시험적으로 조금씩 날것 그대로의 통증 감각에 대해 탐험을 시작할 수 있다.

『기적의 명상 치료』 p.25, p.51

행복하자, 아프지 말고

●

버펜의 주요 명상법들은 존 카밧진의 MBSR과 비슷한 면이 있습니다. 존이 버치에게 큰 영향을 준 명상 스승이었고, MBSR 역시 의료센터의 스트레스 관리 클리닉으로 시작된 프로그램이기 때문이죠. 저는 그렇다면 버펜의 명상법에만 있는 특색은 뭘까 살펴보다가 재미있는 부분을 발견했습니다.

통증에 관한 명상 도중에 소확행(소소하지만 확실한 행복)과 같은, 작고 순간적인 즐거움을 찾음으로써 삶을 변화시키는 방법입니다. 통증이 없더라도 누구에게나 유용한 명상법이니 여러분도 한번 시도해 보세요.

즐거움의 보고(보물) 명상

●

자신의 경험에서 즐겁고 쾌활한 모든 것에 주의를 기울입니다. 이때 몸과 감각에 근거를 두고 초점을 유지합니다.

손의 부드러움을 느껴 즐거울 수도 있고, 배가 부드럽게 느껴지는 것이 즐거울 수도 있습니다. … 강력한 경험만이 아니라 미묘하고 조용한 경험에도 관심을 기울이는 법을 배우면서 의식에 부드럽고 다정한 호기심을 불어넣습니다.

당신이 찾아낸 즐거운 경험이, 그저 배고프지 않다거나 몸 어디선가 느껴지는 작은 따끔거림처럼 평범해 보이는 것일 수도 있습니다. 이것들을 알아채고, 거기에 감사하고, 즐기는 법을 배우는 것이 중요합니다.

의식을 넓혀 체중, 몸의 형태, 몸 안에서 일어나는 호흡과 소리, 냄새 등을 그 안에 포함시켜 봅니다.

그리고 조금씩 몸을 움직이면서 천천히 눈을 뜹니다. 일상생활로 돌아가면서, 즐거움과 아름다움에 감사하는 이 의식을 함께 가져갈 수 있도록 합니다.

『기적의 명상 치료』 p.230~231

떠오르는 음식

먹기 좋게 썰어 넣은 쫀득한 전복이 가득,
씹는 즐거움이 있는 따뜻한 전복죽

마크 윌리엄스

대니 펜맨

시그니처 명상

단어를 보고 구체적인 사건 떠올리기

나쁜 습관은 안녕,
좋은 습관을 만들고 싶은 작심삼일러들을 위한
8주 명상 다이어리

추천 도서

『8주 나를 비우는 시간』

(마크 윌리엄스 & 대니 펜맨, 불광출판사, 2013)

『Mindfulness : A practical guide to finding peace in a frantic world』

(Mark Williams & Danny Penman, Piatkus, 2011)

이번 명상셰프 두 명은 우울증 재발 방지에 관한 책을 여러 권 쓴 영국 옥스퍼드대학의 임상심리학 교수이자 옥스퍼드 마음챙김센터의 소장인 마크 윌리엄스(이하 '마크')와 바로 앞에 등장했던 대니 펜맨(이하 '펜맨')입니다.

여기서 소개할 책 『8주 나를 비우는 시간』은 마크가 동료들과 개발한 명상 프로그램(MBCT, Mindfulness-Based Cognitive Therapy, 마음챙김 기반 인지 치료)이 만성 통증이나 우울증을 겪는 사람들뿐만 아니라 일반인들에게도 널리 알려지기를 바랐던 BBC 저널리스트 펜맨이 마크를 설득해서 세상에 나왔습니다. 그리고 결과는 전 세계 150만 부 이상 팔린 베스트셀러가 되었죠.

우울증과 좀 더 잘 헤어지는 방법

●

이번 편에 나오는 '8주 마음챙김 프로그램'은 영국 국립건강임상보건원이 권장하는 우울증 치료법인 마음챙김 기반 인지 치료(MBCT)를 토대로 합니다. 심각한 우울증을 겪었던 사람이라도 MBCT를 통해 재발 위험을 절반으로 줄일 수 있다는 임상 연구 결과가 있어요.

지금까지 소개해 드린 몇몇 명상법들은 서양 명상 프로그램의 시조새인 MBSR이 기반이 됩니다. 그래서 호흡, 바디스캔, 요가 등 기본적인 실행 방식이나 기간(8주)이 비슷한데, 마크&펜맨(이하 '마펜')의 명상법은 과연 어떤 차별점이 있을까 찾아보니 '습관 내려놓기' 연습이라는 메인 주제가 보입니다. 부정적인 생각이 꼬리에 꼬리를 무는 습관적 사고방식을 마음챙김 연습으로 알아차리고 해체해서, 잭의 콩나무처럼 하늘 높이 자라날 우울증의 싹을 미리 자르는 겁니다. 어떻게요? 이렇게요.

마펜의 말

●

마음챙김은 비난하지 않고 관찰하는 것이다. 자기 자신을 애정으로 대하는 것이다. 불행감이나 스트레스가 우리를 짓누를 때 우리는 그것을 자기만의 문제로 받아들이기보다 마치 하늘에 낀 먹구름처럼 대하는 법을 배울 수 있다. 즉 불행감이나 스트레스가 사라질 때까지 친절한 호기심을 가지고 지켜보는 법을 배울 수 있다.

본질적으로, 마음챙김은 우리가 부정적인 생각 패턴 때문에 끝없는 나락으로 떨어지기 전에 그 생각 패턴을 포착할 수 있게 해 준다. 마음챙김은 우리가 삶을 회복하는 과정을 시작하도록 이끌어 준다.

『8주 나를 비우는 시간』 p.25

알고 보니 네 가지 맛, 감정

다들 알다시피 감정에는 희노애락이 있으니, 감정의 네 가지 맛은 기쁜 맛, 화난 맛, 슬픈 맛, 즐거운 맛일까요? 아니요. 여기서는 감정의 종류 말고 '재료'에 관한 이야기를 하려고 합니다. '감정'을 깊이 들여다보면, 우리의 (1) 생각 (2) 느낌 (3) 욕구 (4) 신체 감각이라는 네 가지 재료가 한데 뭉뚱그려진 '전체적 인상이나 마음의 상태'에 가깝다고 합니다. 또한 각각의 재료는 서로에게 영향을 미칩니다.

생각이 느낌(혹은 기분, 감정)을 자극한다는 사실은 오래전부터 알려졌지만, 그 반대 방향으로도 영향을 미친다는 사실은 1980년대에 비로소 밝혀졌습니다. 슬픈 기분이 불행한 생각을 일으킨다는 겁니다. 그리고 몸의 자세(시무룩한 vs 웃는 얼굴, 구부린 vs 활짝 편 어깨)에 따라 기분이 바뀐다는 것도 이제 많은 이들이 알고 있는 이야기입니다. 이런 과학적 연구와 인지 치료의 원리를 기반으로 8주 마음챙김 프로그램이 만들어졌으니, 열심히 꾸준히 실천하면 좋은 효과를 얻을 수 있을 거예요. 맛보기로 8주 중 6주 차에 있는 연습 과제 하나를 내드릴게요.

단어를 보고 구체적인 사건 떠올리기

●

※ 정확히는 명상이라기보다 일종의 심리 실험입니다. 우선 따라 해 보고, 그다음 적힌 설명을 읽어 보세요.

아래 단어들을 보면서, 자신에게 실제로 일어난 사건이나 마음에 떠오르는 사건을 떠올려 보라. 그것을 마음에 기억해 두거나 글로 적어 본다. 사건이 아주 오래전의 일이거나 최근의 일이거나 상관없다. 단 하루 이상 지속되지 않은 일이어야 한다.

예를 들어 '재미'라는 단어를 접했을 때 "제인이 초대한 파티에 가서 아주 재미있게 놀았어."라고 말하는 것은 괜찮지만 "나는 파티에 가면 항상 재미있어."라고 말하는 것은 안 된다. 왜냐하면 후자는 특정 사건을 지칭하는 것이 아니기 때문이다. 각 단어와 연관되어 기억나는 특정 사건을 최선을 다해 적어 본다. 이제 자신이 아래 감정을 느꼈던 때를 떠올려 보고 각 단어 옆에 그 사건의 내용을 적어 보자(필자 주: 펜이 없다면, 폰에 메모해 보세요).

행복감:

지루함:

편안함:

...

『8주 나를 비우는 시간』 p.238~239

마펜의 실험 결과 설명서

●

이것은 과연 어떤 실험일까요? 특정 사건을 기억해 내는 일이 그리 쉬운 일은 아니었을 텐데요. 연구에 따르면 우리가 트라우마를 경험했거나 우울하거나 번아웃 상태일 때 혹은 자신의 느낌을 곱씹는 상태에 있을 때, 구체적인 사건을 기억하지 못하고 회상의 첫 단계, 즉 사건의 개요만 기억하는 상태에 머문다고 해요. 이를 '과잉 일반화된 기억(overgeneral memory)'이라 하고, 이런 기억 패턴을 보이면 과거의 심리적 문제에 더 큰 영향을 받으며 회복은 더디어집니다.

나를 채운 습관들에서 벗어나기

●

여러분이 자주 하는 일 중에서, 할 때는 시간 가는 줄 모르고 빠져들지만 끝나고 종종 후회하는 활동이 있나요? 이러한 중독적인 습관으로 많은 사람들이 과도한 술, 담배, 게임, 유튜브, TV, SNS 등을 꼽을 텐데요. 마펜의 8주 프로그램에서는 습관 내려놓기를 위한 여러 가지 구체적인 활동들이 적혀 있습니다. 그중 하나는 텔레비전 다시 보기인데요. 일주일 중 하루를 정해 주간 프로그램 편성표를 보고 자신이 정말 보고 싶은 프로그램을 선택한 후 그것만 보고 나머지 시간에는 TV를 끄는 겁니다.

물론 시작하면 계속하고 싶은 중독의 특성상 멈추는 일이 쉽지는 않을 겁니다. 하지만 내가 많은 시간을 쓰던 중독성 활동을 멈추거나 줄였을 때 생기는 시간적 여유가 삶의 다른 영역들을 더 충실하게 만드는 만족스러운 경험을 하다 보면 나쁜 습관에서 조금씩 벗어날 수 있습니다. 예를 들면 유튜브나 SNS에서 새로운 정보를 습득하고 싶은 욕구를 다양한 책을 읽는 쪽으로 돌리거나, 게임에서 채우던 성취 욕구를 나의 꿈을 이루기 위한 사이드 프로젝트를 계획하고 실행하면서 느끼는 겁니다.

당신은 언제부터 춤추지 않았나요?

●

어떤 문화에서는 의사가 우울증 환자를 만났을 때, 언제부터 우울했냐고 묻는 대신 언제부터 춤추지 않았냐고 물어본다고 해요. 꼭 춤이 아니라도 자신의 삶에 활력을 주는 크고 작은 활동들을 여러분은 얼마나 자주 하나요? 마펜은 일상생활 가운데 나에게 양분을 주는 활동과 나를 소모하는 활동이 각

'습관 내려놓기' 연습은
부정적인 생각이 꼬리를 무는
습관적 사고방식을
마음챙김 연습으로
알아차리고 해체하여
하늘 높이 자라날 우울증의 싹을
미리 자르는 것입니다.

각 얼마나 되는지 알아보려면 잠시 눈을 감고 평소의 하루를 떠올려 보라고 합니다. 그걸 생각나는 대로 적고, 양분 활동과 소모 활동을 각각 체크해 보는 거죠.

나를 소모시키는 일을 모두 그만둘 수는 없겠지만, 대신 삶의 활력을 높이기 위해 소모 활동의 수와 시간을 줄이거나 양분 활동의 수와 시간을 늘리는 방식이 존재합니다. 혹은 또 다른 차원에서 소모 활동을 하되 새로운 방식으로 접근할 수도 있습니다. 어쩔 수 없이 하는 지루한 활동이라도 온전한 주의를 기울여 양분 활동으로 만드는 것인데, 예를 들어 아침에 컴퓨터가 부팅되기를 기다리는 틈새 시간을 잠시 마음을 가라앉히고 자신을 살펴보는 시간으로 삼는 겁니다.

저는 출근길에 눈앞에서 놓친 지하철의 다음 열차가 꽤 오래 기다려야 도착한다는 걸 발견했을 때, 출근 시간은 어차피 내가 책을 읽거나 호흡&걷기 명상을 하는 양분 활동임을 기억하고 그 시간이 늘어나 오히려 잘 되었다 생각합니다. 이런 관점의 변화가 삶의 곳곳에 미치는 영향을 여러분도 마펜의 책과 함께 실험해 보면 좋겠네요.

더 유용한 시그니처 명상은 책 속에

8주 마음챙김 프로그램을 이수한 많은 이들이 증언하기를 '3분 호흡 공간 명상'이 일상적인 삶을 되찾는 기술로서 가장 중요하고 유용했다고 합니다. 하지만 단어를 보고 구체적인 사건 떠올리기가 더 희소하고 흥미롭기에 시그니처로 소개했어요. 3분 호흡 공간 명상이 궁금한 분들은 『8주 나를 비우는 시간』을 참고하세요!

떠오르는 음식

8주 동안 잘 지키고 꼬박꼬박 챙겨 먹으면
누구라도 건강해지겠다 싶은, 전문가 추천 다이어트 식단

달라이 라마

건전한 회의주의

**기독교인 명상가들을 위한
달라이 라마의 성경 & 명상 수업**

추천 도서

『선한 마음』

(달라이 라마, 불광출판사, 2017)

『The Good Heart : A Buddhist Perspective
on the Teachings of Jesus』

(Dalai Lama, Wisdom Pubns, 1996)

현재 세계에서 가장 존경받는 명상 지도자를 투표로 뽑는다면 바로 이분일 겁니다. 노벨평화상 수상자이자 영화 「티벳에서의 7년」에서 그려진 실존 인물인 제14대 달라이 라마(텐진 갸초)는 이미 다들 알 것 같아요.

워낙 많은 강연과 집필을 해서 미국 아마존닷컴에서 저자로 검색하면 1천 건이 넘는 검색 결과가 나오고, 한국에도 150여 권이나 번역된 달라이 라마의 책들 중 단 한 권의 대표작을 뽑기란 어려운 일인데요. 그래서 대표작보다는 차라리 다른 명상맛집에는 거의 없는 독특한 주제의 책을 하나 소개드립니다.

이색적인 퓨전 요리, 불교 명상 지도자의 성경 수업

●

달라이 라마는 1987년부터 세계적인 과학자들과 정기적으로 만나 '명상과 과학의 대화(Mind&Life)'를 이어 왔습니다. 명상에 대한 과학 연구는 서양에서 명상의 대중화를 뒷받침하는 중요한 기반이 되었는데요. 그는 과학과의 만남을 넘어 다른 종교, 세계 그리스도교 명상공동체(WCCM)의 세미나에 초청되어 3일 동안 성경을 강의한 일이 있습니다. 이때의 강연과 토론, 참가자들의 회고가 담긴 책이 바로 지금 보여 드릴 『선한 마음』입니다.

참고로 위 세미나 영상은 유튜브 채널 'meditationwccm'에 'The Dalai Lama on The Good Heart'라는 제목으로 업로드되어 있으니, 그날의 분위기가 궁금한 분은 아래 QR코드로 접속해 보세요.

달라이 라마가 깔아 둔 두 가지 밑밥?

●

"원수를 사랑하라.", "마음이 가난한 자에게 복이 있나니." 등 그리스도교 공동체에서 미리 정한 여덟 가지 성경 구절에 대한 강의와 토론을 하게 된 달라이 라마는 두 가지 밑밥을 깔고 이야기를 시작합니다. 첫째는 자신이 그리스도교인들의 신앙에 '의심의 씨앗을 심으려고' 온 것이 아니라는 것, 둘째는 자신이 신학이나 성경에 대해서 아는 것이 아무것도 없다는 고백이었습니다.

세미나를 기획한 로렌스 신부에게도, 달라이 라마에게도 이 세미나는 거의 모험에 가까웠습니다. 그러나 이런 고백 덕분에 세미나는 무언가 주장하는 것이 아니라 자연스럽고 소박하며 탐구하는 분위기로 진행되었고, 달라이 라마의 '따뜻함, 명확함, 웃음'이 가득했다고 참석자들은 증언합니다.

달라이 라마의 말 1.

●

사람들은 저마다 자신의 체질에 가장 잘 어울리는 음식을 먹어야 합니다. 음식을 먹는 진정한 목적은 몸에 영양분을 얻기 위한 것입니다. 따라서 누구나 자신의 건강에 가장 적합한 음식을 먹어야만 합니다. 누군가가 단지 귀하고 비싸다는 이유로 자신의 몸에 맞지도 않고 오히려 해로울지도 모르는 음식을 먹겠다고 주장한다면, 세상에 그것처럼 어리석고 우매한 일은 없을 것입니다.

이와 마찬가지로 종교는 영혼과 마음의 영양분 같은 것입니다. 영적인 수행의 길에 나설 때 자신의 정신적인 성숙도, 자신의 기질, 마음의 성향에 가장 알맞은 수행을 하는 것이 매우 중요합니다. 각자 자신에게 가장 알맞은 영적인 수행과 신앙을 찾는 일이 정말 중요합니다. 그때 비로소 마음의 변화, 내적인 평온함을 얻을 수 있습니다.

『선한 마음』 p.103~104

지혜로운 스승의 맞춤형 식단

●

"자신의 체질에 맞는 음식을 먹듯, 각자에게 알맞은 수행을 하는 것이 중요하다."라는 달라이 라마의 말은 명상맛집에 너무 잘 어울리네요! 지혜로운 스승은 제자의 수용 능력과 성향, 기질에 따라 개인 맞춤형 가르침을 전합니다. 예를 들어 어린아이에게 심오한 공(空)의 원리를 가르친다면, 이것이 아이를 혼란스럽게 만들고 자칫 허무주의에 빠뜨릴 위험까지 있습니다. 덧붙여 달라이 라마는 배우려는 이가 스승을 찾아와 가르침을 요청하지 않는 한, 굳이 먼저 나서서 자신의 생각이나 교리를 다른 이에게 말하지 않는 것이 좋다고 해요(이건 꼰대가 되지 않는 황금률이기도 합니다).

　명상을 가르치는 스승의 덕목이 이렇다면, 명상을 배우는 우리들에게는 어떤 덕목이 필요할까요?

건전한 회의주의

●

신앙이 여러분의 존재를 더 높은 차원으로 끌어올리는 반면에, '이성'과 '분석'은 여러분에게 완전한 해방을 가져다줍니다. 중요한 점은, 영적 수행을 하면서 갖는 신앙은 반드시 이성과 이해에 기초를 두지 않으면 안 된다는 것입니다.

영적인 열망을 갖고 처음 수행을 시작하는 사람이 이성과 이해를 통해 신앙을 키우려면 무엇보다 열린 마음을 가져야만 합니다. 이것을 더 적당한 말로 바꾼다면 '건전한 회의주의'라고 부를 수도 있습니다.

마음을 열고 있을 때 이성적으로 생각할 수 있고, 이성적인 분석을 통해 더 깊은 이해를 얻을 수 있습니다. 더 깊이, 그리고 더 분명히 이해하게 되면 대상에 대한 확신과 신념과 믿음이 생겨납니다. 그런 신앙과 확신과 믿음은 이성과 이해에 뿌리를 두고 있기 때문에 더욱 강해질 것입니다.

『선한 마음』 p.169~170

명상의 효과 리마인드

•

건전한 회의주의는 사실 명상이라기보다 명상을 뒷받침하는 일종의 태도에 가깝겠네요. 달라이 라마는 명상을 통해 의식을 한곳에 집중하는 능력을 키움으로써 깊은 안정을 얻을 수 있다고 말합니다. 그러면 평소 잡념으로 주의가 산만하거나 혼란스러웠던 마음 상태에서 해방되고, 언제나 활짝 깨어 있게 됩니다. 그런데 명상이 좋다는 건 알겠지만, 혹시 지속하기가 귀찮거나 어려운가요? 이럴 때 도움이 되는 달라이 라마표 꿀팁이 있습니다.

달라이 라마의 말 2.

•

처음에는 명상을 하는 것이 쉽지 않습니다. 어려운 점을 발견하거나 열의가 식을지도 모릅니다. 아니면 처음에는 너무 큰 열의를 갖고 덤벼들다가도 이삼 주 지나면 차츰 그 열기가 시들해질 수도 있겠지요. 오랫동안 계속하겠다는 마음을 분명히 갖고, 일정한 속도로 꾸준히 하는 것이 필요합니다.

열의가 식어 명상을 그만두고 싶을 때는 어떻게 하
면 좋을까요?

[달라이 라마의 답]

명상을 하는 쪽이 좋은가, 안 하는 쪽이 좋은가를 놓
고 깊이 생각하고 따져 봐야 합니다. 명상이 주는 이
점과 가치, 효과에 대해 생각해 보는 한편, 명상을
하지 않아서 생기는 부정적인 결과를 생각해야 합
니다. 이 두 가지를 항상 마음속에서 비교하고 있으
면, 열정을 계속 간직할 수 있습니다.

『선한 마음』 p.186~187

우리 모두 늘 바쁩니다만

●

달라이 라마는 인생을 살면서 자신이 진정으로 원하는 일, 즉
최상위 가치에 특별히 시간을 내지 않는다면, 해야 할 다른 일
들이 항상 있어서 늘 바쁠 거라고 해요. 항아리에 큰 돌을 먼
저 넣지 않고 자갈과 모래부터 채우면, 큰 돌을 넣을 공간과
기회가 사라지는 것처럼요.

우리가 명상을 하는 궁극적인 이유는 내가 진정으로 원하는 일을 발견하고, 이루기 위해서라고 생각합니다. 내가 정말 원하는 일이 뭘까, 최근에 생각해 본 적 있나요? 그 일을 위해 어떤 일상을 살고 있나요? 잘하고 못하고를 따지려는 건 아닙니다. 그저 순수한 호기심에 물어봅니다. 누구도 대신 답해 줄 수 없는 질문이니 저도 저에게 물어봐야겠네요.

p.s.『선한 마음』은 종교에 관한 이야기가 많고 다소 어려운 책이지만 유익하고 재밌으니 관심 있는 분들은 일독해 보기를 바랍니다. 선한 마음 키우는 법을 더 깊이 공부하고 싶은 분에게는 달라이 라마가 쓴『입보리행론 강의 』(불광출판사, 2019)를 추천합니다.

떠오르는 음식
건강을 위해 먹지만 맛도 있는,
견과류 토핑 시저샐러드

틱낫한 스님

시그니처 명상

나무를 보듯 아들딸 보기

분열과 대립의 시대,
진정한 평화의 뜻과 방법을
찾고 싶은 이들에게 전하는 명상 편지

추천 도서

『평화 되기』
(틱낫한, 불광출판사, 2022)

『BEING PEACE』
(Thich Nhat Hanh, Parallax Press, 2020)

22년 전, 우연히 펼친 신문 광고에서 『화(anger)』(명진출판, 2013)라는 제목의 책을 보았습니다. 저자의 이름이 틱낫한(Thich Nhat Hanh)이라니 독특하다 생각했고, 화를 어떻게 다룰까 궁금했어요. 당시 군인이었던 저는 휴가 때 구입해 내무반에서 읽으며 신선한 문화 충격을 받았던 기억이 납니다.

스님의 책이 한국에 처음 번역된 건 1992년이지만 틱낫한 스님의 이름이 국내에 본격적으로 알려진 건 2002년 『화』가 베스트셀러가 되면서부터였습니다. 사실 틱낫한 스님의 트레이드 마크는 바쁘고 쫓기는 마음에서 벗어나 한 걸음 한 걸음에 온전히 집중하며 평화롭게 걷는 '걷기 명상'이지만, 이미 많이 알려진 터라 여기서는 다른 명상을 소개합니다.

생불(生佛)의 살아 있는 법문

●

'살아 있는 붓다'로 불릴 만큼 모든 면에서 지혜롭고 평화로우며 탁월한 작가였던 틱낫한 스님의 명상법은 책과 강연, 수행 공동체 '플럼빌리지(Plum Village)'의 프로그램, 다큐 영화 「나를 만나는 길」 등을 통해 널리 알려져 있습니다. 그래서 2022년에 돌아가신 틱낫한 스님을 이제 직접 만날 수는 없지만, 글이나 영상으로 스님의 이야기를 보고 배울 수 있습니다. 정말 명상을 배우기 좋은 환경이죠? 다만 어려운 점은 명상보다 우리의 눈과 귀를 끄는 것들이 훨씬 더 많다는 겁니다.

편안함과 위로의 메시지

●

『평화 되기』(불광출판사, 2022), 『화해』(불광출판사, 2011), 『기도의 힘』(불광출판사, 2016), 『너는 이미 기적이다』(불광출판사, 2017), 『고요히 앉아 있을 수만 있다면』(불광출판사, 2022), 『지금 이 순간이 나의 집입니다』(불광출판사, 2019), 『마음에는 평화 얼굴에는 미소』(김영사, 2012) 등 틱낫한 스님이 쓴 책들의 제목만 보고 있어도 마음이 편안해지는 것 같습니다.

다큐 「나를 만나는 길」에서, 강아지가 죽어서 슬프다는 아이에게 스님은 하늘의 구름이 사라져 비가 되는 것처럼 강아지도 죽은 게 아니라 새로운 모습으로 살아 있다는 이야기를 들려줍니다. 저는 이 장면을 보며, 스님의 험난했던 삶과 진심에서 우러난 말씀이 주는 큰 위로의 힘이 느껴져 잠시 울컥했습니다.

틱낫한 스님의 세 가지 매력

●

그가 대중들에게 명상을 전하던 플럼빌리지는 석가모니 부처님과 예수 그리스도의 사진이 나란히 걸려 있을 만큼 특정 종교를 넘어 모든 이들에게 열린 공동체이고, 누워서 법문을 들어도 무방한 자유로운 분위기를 지녔습니다. 또한 스님의 책은 쉽고 흥미로운 비유로 평화와 공존의 원리를 설명하기에 명상 초보자라도 내용이 쏙쏙 이해됩니다. 이렇게 열림·자유로움·쉬움이라는 세 가지 매력 덕분에, 어렵고 복잡한 이야기가 부담스러운 사람이라도 틱낫한 스님의 가르침에는 금방 빠져들곤 합니다.

틱낫한 스님의 말

●

당신이 시인이면 이 종이 한 장에서 떠다니는 구름
이 선명하게 보일 것이다. 구름이 없으면 물이 없을
것이고 물이 없으면 나무가 자랄 수 없고 나무가 없
으면 종이를 만들 수 없다. 그러므로 여기 이 종이
안에 구름이 있는 거다. 이 종이의 존재가 구름의 존
재에 달려 있다. 종이와 구름이 그렇게 가깝다.

『평화 되기』 p.77

이해와 사랑은 하나다

●

눈을 떠 보니 학교에 지각할 것 같은 시간이라 얼른 여동생을 깨우러 간 오빠가 여동생에게 고맙다는 말 대신 짜증 섞인 말을 들었습니다. 오빠는 화가 났다가, 전날 여동생이 심한 감기에 걸려 밤새 아팠던 걸 알게 되어 더 이상 화가 나지 않습니다. 이 얘기를 하면서 틱낫한 스님은 "당신이 상대를 이해하면 그를 사랑하지 않을 수 없다."라고 말합니다. 이해하고 사랑하면 자연스럽게 당신은 상대의 고통을 덜어 주는 길을 찾아 행동하게 됩니다.

원리는 간단하지만 일상에서 적용하고 실천하기란 쉽지 않습니다. 그래서 우리는 상대를 이해할 마음의 여유를 갖기 위해 평소에 명상을 하고, 사랑과 자비를 연습합니다. 스님은 내가 상대를 이해하지 못하면 상대에게 늘 화를 낼 것이고, 우리는 서로를 완전하게 이해할 수 없으니 이것이 관계에서 겪는 온갖 고통의 중심 원인이라고 말하며 다음과 같은 육아법(이지만 누구에게나 쓸 수 있는 방법)을 추천합니다.

나무를 보듯 아들딸 보기

●

나무를 한 그루 기르는데, 만일 그 나무가 잘 자라지 않는다면, 당신은 그 나무를 책망하지 않는다. 오히려 그것이 잘 자라지 않는 이유를 들여다본다. 거름이 필요하거나 물을 더 주거나 아니면 직사광선을 가려 주어야 할지도 모른다. 아무튼 당신은 나무를 책망하지 않는다.

그런데 아들딸은 책망한다. 우리가 아이를 잘 돌볼 줄 안다면 아이는 나무처럼 잘 자랄 것이다. 책망은 아무 효과가 없다. 절대 나무라지 마라. 이성과 논쟁으로 설득하려 하지 마라. 그런 방법들로는 어떤 긍정적 결과도 거둘 수 없다. 내 경험이다. 논쟁도 합리도 책망도 아니다. 이해가 있을 뿐이다.
당신이 이해한다면, 이해한다는 것을 보여 준다면, 그러면 당신은 사랑할 수 있을 것이고 상황은 달라질 것이다.

『평화 되기』p.162

평화는 평화에서 시작된다

인류의 역사에서 다툼과 전쟁이 없었던 날은 단 하루도 없었을 것 같아요. 틱낫한 스님은 평화 운동(을 하는 사람)이 만약 분노와 증오로 가득 차 있다면 과연 진정한 평화를 이룰 수 있을지 묻습니다. 그 답은 불가능하다는 것이고, 분노와 증오 대신 비폭력을 지향하며 '우리의 내면이 평화로운 것'이 평화를 만드는 첫걸음, '우리가 웃는 것'이 주변을 웃게 만드는 출발점이라고 말합니다. 이 평화는 불의를 보고 참는 무력한 평화가 아니라 이해하고 사랑하며 행동하는 굳건한 평화입니다.

떠오르는 음식
흔하고 익숙한 메뉴 같지만 남다른 맛,
진한 국물과 차별화된 생면으로 소문난 베트남 쌀국수

시그니처 명상

자신의 성격 유형 인정하기

심리학과 명상의
필연적 만남의 기록

추천 도서

『마음이 아플 땐 불교심리학』
(잭 콘필드, 불광출판사, 2020)

『The Wise Heart』
(Jack Kornfield, Bantam, 2008)

2,500살이 넘은 '불교'와 150살(1870년대 생)쯤 된 젊은 '심리학'은 꽤 나이 차가 있음에도 죽이 잘 맞습니다. 둘 다 사람들이 행복하고 건강한 삶을 살도록 돕고, 이를 위해 몸과 마음을 관찰하고 분석하는 점이 쌍둥이처럼 비슷하거든요. 그래서 둘을 융합한 불교심리학 연구가 1970년대부터 활발히 이루어지고 있습니다.

이번 편에서 불교심리학의 다양한 맛을 보여 줄 잭 콘필드(이하 '잭')는 1945년생으로 미국 다트머스대학을 졸업하고, 20대 중반 평화봉사단으로 방문한 태국에서 3년간 승려 생활을 했습니다. 이후 임상심리학 박사가 되어 동서양 심리학의 교류를 주도해 온 그는 미국 통찰명상협회를 공동 설립하고 『깨달음 이후 빨랫감』(한문화, 2011), 『마음의 숲을 거닐다』(한언, 2006) 등의 베스트셀러를 내기도 했습니다.

책의 말

●

나는 달라이 라마가 자주 했던 말을 강조하고 싶다. "불교의 가르침은 종교가 아니라 마음의 과학입니다." … 붓다가 그를 따르는 자들에게 알려 준 것은 자신의 경험으로 깨달은 가르침과 수행법이었다. 고통을 이해하고 거기에서 벗어나는 혁명적인 방법을 가르친 것이다. 붓다는 행복을 가져오고 가장 높은 차원의 인간 발달을 실현하는 체계적이고 훌륭한 훈련법을 자신의 내면 경험에서 발견했다. 오늘날 서양의 많은 수행자가 불교에 끌리는 이유도 불교가 이런 수행과 해방의 길을 제시하기 때문일 것이다.

이 책에 담긴 가르침은 서양 심리학의 많은 부분에 대한 도전이다. … 나는 우리 가슴의 치유와 정신의 해방, 그리고 모든 존재의 유익함을 위해 불교가 펼쳐 놓은 예지력 있고 보편적인 관점들을 소개할 것이다.

『마음이 아플 땐 불교심리학』 p.19~21

심리학이라는 언어로 번역한 불교

●

최근 비종교적인 명상 프로그램들이 많이 개발되긴 했지만, 그 뿌리가 대부분 불교 이론과 명상법에 있다 보니 불교를 완전히 빼놓고 명상을 이야기하기란 어렵습니다.

이 책에서 잭은 불교심리학의 스물여섯 가지 원리를 하나씩 소개합니다. 예를 들면 (1) '생각은 종종 한쪽으로 치우쳐 있으며 진실이 아닌 경우가 많다. 우리가 배워야 하는 것은 생각 속에 빠지는 것이 아니라 생각을 알아차리는 것이다.'라는 원리는 인지 심리학과 마음챙김을 결합한 행동 요령이고 (2) '우리가 지닌 자아 관념은 동일시에 의해 만들어진다. 자아 관념에 집착하는 정도가 적을수록 더 행복하고 자유로워진다.'라는 말은 자아에 대한 불교적 관점을 담고 있습니다.

불교심리학은 불교의 원리와 실천법을 심리학이라는 언어로 풀어 낸 결과물이며, 서양 심리학에 새로운 차원의 행복론과 치료법들을 제시합니다. 잭은 오랜 기간 명상 수련회를 진행하면서, 수많은 참가자들의 심리적 문제를 해결하는 데 불교심리학을 적용했던 경험을 우리에게 공유합니다.

'놀라운 이야기꾼'이라는 별명을 얻을 만큼 스토리텔링에 뛰어난 잭은 자칫 어렵고 딱딱할 수 있는 불교심리학의 원칙들에 본인과 참가자들의 개인적이고 현실적인 이야기들을 녹여서 재미있게 만들었어요. 다만 책이 두껍고, 내용의 깊이가 꽤 있어서 명상이나 심리학을 처음 접하는 분들이 읽기에는 조금 어려울 수 있습니다.

불교심리학을
세 줄로 요약하면 이렇습니다.

아픔은 피할 수 없지만
괴로움은 피할 수 있다.
괴로움은 집착 때문에 일어난다.
그러므로 집착을 내려놓으면
괴로움에서 벗어날 수 있다.

잭 콘필드

불교심리학의 세 가지 성격 유형 테스트

●

사람들이 번화가를 걸을 때, 자신의 관심사에 따라 서로 다른 간판이 눈에 더 들어올 겁니다. 마찬가지로 과거의 경험이나 현재의 기질에 따라서 자주 빠지는 심리적 함정도 각자 다르 겠죠. 우리가 고통에 빠지는 가장 큰 이유로 불교에서 말하는 세 가지 함정이 있는데 집착, 혐오, 어리석음(한자로는 탐, 진, 치) 입니다. 누구나 이 세 가지 마음의 뿌리를 가지고 있지만, 사람마다 자주 발현되는 성향이 다르고 이걸로 성격 유형을 구분할 수 있어요. 예를 들면 이런 질문을 통해서요.

"친구의 집에 처음 놀러 갔을 때, 당신이 가장 많이 하는 행동은 뭔가요? 마음에 드는 인테리어나 소품을 찾으며 돌아다니나요(집착형)? 무엇을 바꾸거나 고치면 좋을지 찾나요(혐오형)? 혹은 친구의 집에 별로 집중하지 않고 산만하게 다른 것을 생각하고 있나요(어리석음형)?"

다른 환경이나 사건들도 상상해 보고, 평소 나의 성격을 떠올려 보면 집착, 혐오, 어리석음 중에서 내가 어떤 성격 유형인지 알 수 있습니다. 그럼 지금 찾은 나의 성격 유형으로 자신의 내면을 탐구하는 잭의 명상을 알아볼까요?

자신의 (셋 중 하나) 성격 유형 인정하기

●

나에게 가장 자주 일어나는 경험을 세 가지 기본적 기질 중 하나에 둡니다. 나에게 가장 가까운 기질을 택했으면 그것에 대해 알아차려 봅니다.

- 하루 동안 당신의 기질이 주변 사람과 환경, 즐거움과 어려움에 어떤 작용을 하는지 관찰합니다.
- '기질'이란 것이 어느 정도 '자동으로 작동하는 비개인적 패턴'이라는 사실을 관찰합니다.
- 자신의 성격에 대한 판단이 일어나면 그것을 관찰합니다. 또 그 판단을 내려놓으면 어떻게 되는지 살펴봅니다.
- 감사, 명료함, 낙천적 성격 등 나의 기질이 가진 장점에 무엇이 있는지 관찰합니다.
- 이런 긍정적 측면에 초점을 맞출 때 어떤 일이 일어나는지 봅니다.

『마음이 아플 땐 불교심리학』 p.275

집착 유형인 저는 이 명상을 하면서 저의 집착과 그 원인인 욕망을 조금 더 구체적으로 알아차렸습니다. "이런 기질의 사람들은 무언가를 구하고 더 많이 원하며 어떤 상황에서도 편안함을 추구하고 부조화를 회피한다."라는 잭의 설명이 딱 제 얘기였습니다. 이것이 발전하면 때로는 허영심, 질투, 자만, 중독과 같은 마음이 일어나지만, 여기서 반가운 소식은 이런 나의 기질을 훈련시킬 수 있다는 겁니다.

자세한 훈련법은 잭의 책에서 확인하고, 각 기질이 성장하고 변화했을 때 어떤 일이 일어나는지만 맛보기로 내드릴게요. 집착하던 기질은 사람들의 선한 면을 찾고 자신의 집과 공동체를 물심양면 조화로운 곳으로 바꾸면서 '아름다움'과 '풍요'를 만들어 냅니다. 혐오하던 기질은 '분별력'과 '명료함'을 지니고 갈등을 창조적으로 해결합니다. 어리석었던 기질은 순진무구함과 초심으로 질문하며 '평정심'과 '이해'를 얻습니다.

고통이냐 괴로움이냐, 그것이 문제로다

불교심리학에서는 '고통(혹은 아픔)'으로 번역하는 pain과 '괴로움'으로 번역하는 suffering의 차이를 중요하게 여깁니다. pain은 생명을 가진 모든 존재가 겪는 자연스러운 현상이고, suffering은 pain에 대해서 일으키는 우리의 '반응'이라 정의해요. 잭의 스승, 아잔 차 스님이 말하길 두 가지 종류의 괴로움이 있는데, 첫 번째 괴로움(pain)은 아무리 도망쳐도 당신을 따라다니고, 두 번째 괴로움(suffering)은 직면함으로써 벗어날 수 있다고 합니다.

그래서 불교심리학을 딱 세 줄로 요약하면 이렇습니다. "아픔은 피할 수 없지만 괴로움은 피할 수 있다. 괴로움은 집착 때문에 일어난다. 그러므로 집착을 내려놓으면 괴로움에서 벗어날 수 있다."

떠오르는 음식
물냉면이냐 비빔냉면이냐 고민될 때,
둘의 장점을 섞어 함께 먹는 물비빔냉면

김정호

시그니처 명상

탈조건화

방 탈출보다 재밌는
세 가지 심리 탈출법과
명상에서 찾은 힌트들

추천 도서
『흔들릴 줄 알아야 부러지지 않는다』
(김정호, 달콤북스, 2023)

아이돌 그룹 르세라핌의 멤버 허윤진은 메이크업을 받으며 책을 읽는 독서광으로 화제가 된 적이 있습니다. 이후 유명 잡지에서 '르세라핌 허윤진이 읽은 책 10'이라는 제목의 기사를 봤는데, 그중 한 권이 덕성여대 심리학과 김정호 교수님(이하 '김')의 『흔들릴 줄 알아야 부러지지 않는다』(이하 『흔』)라는 심리 에세이였어요.

위 기사를 우연히 보고 저도 책을 읽었는데, 프롤로그부터 새로운 명상맛집을 찾았다는 기쁨이 직감적으로 들었습니다. 그리고 깊은 통찰과 감동이 있는 글을 읽을 때 차오르는 몰입감과 행복감이 마지막 페이지까지 이어졌어요. 여러분의 취향에도 이 책이 잘 맞기를 희망하며 김이 명상에서 건져 올린 심리 이야기를 당신에게 전합니다.

오랜 세월 한 길을 걸어 온 심리학자 겸 명상학자

●

1986년부터 정년까지 37년간 대학에서 심리학을 가르치며 2013년 한국심리학회 회장을 역임할 만큼 학계의 인정을 받은 김은 1993년부터 명상과 심리학을 접목한 논문을 쓰기 시작한, 국내 명상 심리 연구의 거의 1세대 학자 겸 지도자입니다. 한국불교심리치료학회 운영 위원이었던 김을 저는 학회에서 종종 보았고, 선비 같은 진지함과 더불어 편안한 분위기와 밝은 표정을 지녔던 분으로 기억합니다.

김은 자신의 첫 명상 책『마음챙김 명상 멘토링』(불광출판사, 2011)을 최선과 완벽을 추구하며 15년간 집필했고, 타라 브랙의『받아들임』(불광출판사, 2012)을 공동 번역하고, 대학생들을 위해 8주간 진행한 마음챙김 프로그램의 기록으로『스무 살의 명상책』(불광출판사, 2014)을 썼습니다. 이로부터 다져진 명상과 글쓰기 내공이『흔』에서 정점을 찍은 듯,『흔』은 재밌게 술술 읽히면서도 명상과 심리학의 정수를 담고 있습니다.

우이동에서 본 북한산, 구파발에서 본 북한산: 탈극단

●

김은 일상의 경험들에 빗대어 명상과 심리를 쉽게 설명합니다. 사람들은 대부분 자신이 본 모습만이 정답이라고 주장하지만, 어느 동네에서 북한산을 보느냐에 따라 그 모양이 다르듯 세상에 하나의 답만 옳은 경우는 거의 없다고요. 실제로 한 명의 사람 역시 몇 가지 잣대로만 규정하는 것이 불가능함에도 정치 이념 같은 한두 가지 잣대로 사람들을 규정하고 서로 공격하는 경우를 자주 봅니다.

이렇게 양극단으로 치우치지 않고 전체(그 사람)를 있는 그대로 보는 것이 탈극단이고 중도(中道)인데, 중도는 선과 악, 사랑과 미움이 공존하는 모순적인 현실을 받아들이고 사랑과 유머로 인생을 살아가게 해 주는 명상적 관점입니다.

바람과 함께 흔들리기: 탈저항

●

우리의 삶에는 늘 통제할 수 없는 요소들이 있습니다. 자연에서 불어오는 태풍급 바람이나 여행 가는 날 오는 비, 타인의 실수나 고통의 불똥이 튀어 억울하게 입은 피해처럼요. 그런

데 김은 통제 불가능한 여름 무더위를 시원하게 보내는 비법
이 있다고 합니다.

> 심리학자는 심리학적으로 여름을 시원하게 보낸다. 이
> 게 무슨 말인가 하면, 내가 바꿀 수 없는 것(날씨)을 바꾸
> 려고 애쓰는 대신 내가 조절할 수 있는 것(마음)을 잘 다스
> 려서 여름을 건너간다는 뜻이다. … 마음을 잘 다스리면
> 최소한 '내가 만드는 더위' 하나쯤은 없앨 수 있다. … 마
> 음을 다스릴 때 무엇보다도 중요한 것은 '받아들임'이다.
> 특히 마음에 들지 않는 것을 받아들이는 게 중요하다.
>
> 『흔들릴 줄 알아야 부러지지 않는다』 p.17~18

받아들임은 무조건적인 긍정이나 참는 것과 다릅니다.
애써 긍정하며 부정적인 감정까지 막다 보면 감정이 왜곡되
어 어느 순간 작은 일에도 분노 게이지가 치솟는 자신을 발견
하게 될 확률이 높으므로 '있는 그대로' 받아들이는 것이 먼저
입니다. 또한 드라마의 주인공이 매번 성공하고 행복하기만
하면 재미와 감동이 없는 것처럼, 우리를 흔드는 바람(시련)은
나를 성장시키고 의미 있게 만드는 먹이(food)라고 김은 이야
기합니다.

다음으로 김은 탈조건화라는 심리학적 틀로 "산은 산이요, 물은 물이로다."라는 말의 숨은 의미를 설명합니다. 우리가 보던 산이 자신의 생각과 욕구가 투사된 산이었음을 알아차리면, 그 산을 탈조건화된 본래의 산으로 새롭게 볼 수 있다는 겁니다.

탈조건화(feat. 산은 산, 물은 물)

●

'터널은 터널일 뿐, 지하철은 지하철일 뿐.' 공황장애를 겪던 사람이 치료를 통해 공황 장애를 극복하고 나서 자신의 심경을 이 한마디로 표현했다. 이 사람은 과거에 지하철을 타거나 터널을 지나갈 때 극심한 공포를 느껴서 지하철을 타지 못했음은 물론, 차를 몰고 가다가 터널이 나오면 아무리 멀어도 돌아서 갔다.

연합이란 '하나의 관념이 다른 관념을 불러일으키는 현상'으로, 예를 들면 '산'을 보고 '맑은 공기'나

'여행'을 떠올리는 것을 말한다. … 터널과 지하철에 대한 공황 장애를 치료하는 건 바로 그 연합을 해체, 즉 탈조건화하는 것이다.

『흔들릴 줄 알아야 부러지지 않는다』 p.81~83

누구나 이룰 수 있는 논제로섬 꿈

●

김은 우리의 꿈을 두 가지로 나누는데, 입시나 승진처럼 누군가 이루면 나머지는 얻지 못하는 '제로섬(zero-sum) 꿈'과 운동을 해서 건강해지는 일처럼 내가 이룬다고 정원(모집 인원)이 줄어들지 않는 '논제로섬(non-zero-sum) 꿈'입니다. 제로섬 꿈은 대체로 외재적 욕구의 충족을, 논제로섬 꿈은 내재적 욕구의 충족을 동기로 삼습니다. 그래서 똑같은 일이나 공부를 하더라도 외부의 인정이나 합격을 목표로 하는 것과 성장과 배움 그 자체로 즐거움을 느끼는 것은 상당히 다른 과정과 결과를 낳게 되죠.

심리학에서는 외재적 동기보다 내재적 동기의 충족을 인간의 행복에 더 중요한 요소로 봅니다. 이 때문에 김은 경쟁

(제로섬 꿈)에 너무 휩쓸리기보다 어떤 동기를 추구할지 또는 내려놓을지 현명하게 판단하기를 추천하며, 명상으로 마음이 평화로워지는 일은 누구나 이룰 수 있는 논제로섬 꿈이라고 말해요. 우리의 삶이 부러지기 전 혹은 이미 부러진 것 같더라도 명상을 통해 나와 세상을 있는 그대로 받아들이고 극단과 저항과 조건화를 털어 낼 수 있다면, 덜컹거리는 마차처럼 흔들리는 삶이라도 조금은 더 균형 잡힌 자세로 웃으며 나아갈 수 있지 않을까요?

 [참고 자료] 김정호 교수님이 개발한 명상−마음챙김−긍정심리훈련(MMPT, Meditation-Mindfulness-Positive Psychology Training) 자료, 발표한 모든 논문 등이 실린 블로그

MMPT 마음공부(유튜브 채널)

떠오르는 음식
흔한 계란이 재료지만 오랜 시간 개발한 요리 비법과
정성스러운 조리로 깊은 풍미와 부드러운 식감을 낸 달인의 오므라이스

릭 핸슨

신경계에 더 많은 긍정 경험 남기기

뇌과학이 변화시킬 미래가 궁금한
T(사고)형 명상가들을 위한
본격 뇌과학 & 명상 연구 보고서

추천 도서

『뉴로다르마』
(릭 핸슨, 불광출판사, 2021)

『Neurodharma』
(Rick Hanson, Harmony, 2020)

저는 명상을 하면서 가장 답답하고 힘들었던 점이 (1) 눈에 보이는 성과를 '측정'하기 어렵고 (2) 목표에 도달하기까지 '시간'이 얼마나 걸릴지 모르겠고 (3) 진짜와 가짜를 헷갈려 내가 제대로 하고 있나 '의심'이 든다는 것이었습니다.

그래서 믿고 따를 지혜롭고 경험 많은 명상 스승을 꼭 찾으라고 다들 조언하는데요. 위 세 가지 막막함에 현실적이고 스마트한 답을 내놓은 신경심리학자 겸 명상 지도자가 있습니다. 그는 열여섯 살에 UCLA에 입학해 최우수 졸업을 하고, 버클리대 임상심리학 박사로 명상을 통해 뇌가 어떻게 변하는지 오랜 기간 연구해 온 릭 핸슨(이하 '릭')입니다.

뉴로+다르마=뉴로다르마

●

뉴로(neuro)는 신경과 관련된 것, 다르마(dharma)는 진정한 실재(본질)를 뜻하는 말로, 릭의 책에서 '뉴로다르마(neurodharma)'는 마음의 실재를 몸, 특히 신경의 실재에 기초해 표현하는 용어입니다. 예를 들어 사람들이 나쁜 경험을 기억에 더 쉽게 각인하는 '부정 편향'은 포식자로부터 살아남기 위한 오랜 진화의 결과이고, 이는 스트레스를 받으면 분비되는 코르티솔이 편도체를 자극하기 때문이라는 설명이 뉴로다르마에 포함되어요.

릭은 2009년 《뉴욕 타임스》 베스트셀러에 오른 『붓다 브레인』(불광출판사, 2010)으로 명상과 뇌의 관계에 대한 혁신적인 연구를 세상에 소개한 바 있는데, 2020년 『뉴로다르마』에서는 명상 체험 프로그램을 수년간 진행하며 쌓은 경험까지 덧붙여 한층 짜임새 있고 실용적인 가르침을 펼칩니다. 참고로 『뉴로다르마』는 400페이지가 넘지만 마지막 75페이지는 모두 참고 문헌이니 두껍다고 너무 놀라지 마세요. 그만큼 철저히 고증하고 검증한 책이니 믿고 볼 수 있을 겁니다.

와우, 이게 이렇게 연결된다고?

●

감탄사가 절로 나오는 음식을 먹었을 때의 기쁘고 놀라운 감정을 저는 릭의 책을 보며 여러 번 느꼈습니다. 명상과 뇌과학의 다양한 조합이 흥미롭고 설득력 있었기 때문이죠. 명상을 하는 자신만의 장소를 정해 두면 좋다는 조언은 다른 명상책들에도 종종 나오지만, 그 근거로 해마체의 '장소 기억(place memory)'이 산만한 주의를 잠재우고 명상의 견고함을 높여 줄 거라는 설명을 곁들이니 귀가 솔깃합니다.

마음을 견실하고 굳건히 하겠다는 의도를 확립하라는 고전적인 조언에는 전전두엽이 관여하는 하향식 의도(통제하고 다짐하는 방식)와 원초적이고 감정적인 신경 구조를 사용하는 상향식 의도(이미 충족한 듯 보상을 미리 느끼는 동기부여 방식)라는 최신식 엔진을 달아 줍니다. 어떤 일에 걸맞은 도구가 있으면 그 일이 훨씬 수월해지죠. 여러분에게 도움이 될 명상 팁을 릭의 뉴로다르마에서 찾아보세요.

이 경험을 설치하시겠습니까?

●

릭에 따르면 배움은 두 가지 단계로 이루어진다고 합니다. 첫째는 개발하고 싶은 것을 '경험'하는 일이고, 둘째는 그 경험을 뇌 안에 '지속되는 특성'으로 바꾸는 일입니다. 두 단계를 활성화(activation)와 설치(installation)라고 부릅니다. 그중 설치 단계는 유용한 배움을 위한 필수 요소인데요. 다음에 소개할 릭의 시그니처 명상은 '활성화된 경험을 우리 뇌에 더 효과적으로 설치하는 방법'이니 들어 보세요.

신경계에 더 많은 긍정 경험 남기기

●

경험이 신경계에 더 많은 흔적을 남기게끔 하는 간단한 방법들을 써서 의도적으로 경험에 든다면, 당신의 성장 곡선은 정말 가파르게 올라갈 수 있다.

[활성화 단계]

1. 유익한 경험을 갖는다: 유익하거나 즐거운 경험이 이미 일어나고 있음을 자각하라. 또는 새로 만들어 보라. 가령 연민 어린 느낌을 불러와 본다.

[설치 단계]

2. 경험을 풍성하게 만든다(Enrich): 호흡을 한두 번 더할 만큼만 경험을 지속시킨다. 그것을 강화한다. 몸 안에서 그것을 느껴 본다.

3. 경험을 흡수한다(Absorb): 경험이 자신 안으로 가라앉도록 의도하고 느낀다. 그리고 그에 대해 즐겁거나 의미 있는 부분에 초점을 맞춘다.

『뉴로다르마』 p.88

긍정 경험 설치의 원리

●

긍정적인 경험의 설치가 이루어지는 방식은 이렇습니다. 경험이 작동 기억(working memory)에 더 오래 머물수록 '장기 기억'으로 전환될 가능성이 높아집니다. 그리고 몸 안에서 경험을 느끼는 것은 '편도체'를 자극해 해마체로 가는 신호를 강화하고, 즐겁고 의미 있는 부분에 집중하면 '도파민' 등이 분비되어 그 경험이 장기 기억으로 갈 만하다는 표식이 됩니다.

당신은 충분한 내적 자원을 가졌나요?

●

암벽 등반이 취미인 릭은 지상 수백 미터 위에서 연필 크기만한 돌에 의지한 채 자주 매달려 있었다고 합니다. 안전의 욕구가 위협받는 순간이지만, 자신의 능력과 든든한 동료와 밧줄에 대한 신뢰가 있기에 그 경험을 짜릿하게 즐기면서요. 어떤 욕구가 일어났을 때 나에게 그 욕구를 채울 자원이 충분하지 않다고 느끼면 갈망이 되기 쉽고, 충분하다 느끼면 유연하게 대처할 확률이 높아집니다. 릭은 이런 충만함을 명상을 통해 기를 수 있다고 얘기해요.

책의 전체 구성은 일곱 가지 깨어남의 연습 (1) 마음을 견실하게 하기 (2) 가슴을 따뜻하게 하기 (3) 충만함 속에서 쉬기 (4) 온전함으로 존재하기 (5) 지금 이 순간을 받아들이기 (6) 모든 것을 향해 열려 있기 (7) 무시간성을 찾아내기로 이루어지고, 뒤로 갈수록 심오한 주제를 다루지만 릭은 최대한 쉽고 친절하게 고대의 지혜를 현대의 과학적이고 실용적인 언어로 변환했습니다. 『뉴로다르마』라는 고급 명상 안내서를 발견했으니 일상의 명상 실험에 더 용감하게 도전해 봅시다!

p.s. 이 책의 주제가 마음에 든다면 『명상하는 뇌』(김영사, 2022)도 재밌을 겁니다.

떠오르는 음식
최신 트렌드로 개발해 시선을 끄는 비주얼,
멜론 그릇에 담긴 달콤하고 시원한 멜론 빙수

디팩 초프라

시그니처 명상

의식 안의 몸

4차원이라는 말을 종종 듣는 이들에게
더 잘 맞을지도 모를
명상 에볼루션 가이드북

추천 도서

『메타휴먼』
(디팩 초프라, 불광출판사, 2020)

『Metahuman』
(Deepak Chopra, Harmony, 2019)

1946년 인도에서 태어나 미국에서 의사가 된 디펙 초프라(이하 '초프라')는 여러 권의 베스트셀러를 쓴 작가이자 대체의학 분야의 세계 최고 인플루언서입니다(《타임》선정 '지난 100년간 가장 영향력 있는 인물 100인',《허핑턴포스트》선정 '가장 영향력 있는 사상가: 의학 부문 1위', 인스타그램&X 각 300만 명).

하지만 다소 급진적인 주장을 펼치는 터라 과학이냐 아니냐 같은 논란과 호불호가 있는데, 명상의 범위를 넓게 보면 이런 이야기도 있더라는 서비스 메뉴로 내어놓습니다.

당신의 한계를 넘어, 메타휴먼으로

●

메타휴먼(Metahuman)이라는 말을 들으면 어떤 사람이 떠오르나요? 접두어 메타(meta-)가 '더 높은', '초월한'이라는 뜻을 가지고 있어서, 저는 초능력을 쓰는 영화 속 히어로나 「매트릭스」의 주인공 네오가 생각나는데요. 초프라는 본인 스스로 만든 한계에서 벗어나 최상의 잠재력을 펼치는 사람, 인간은 생물학적 기계라는 신념을 넘어 의식적인 선택과 창조력을 발휘하는 사람이 '메타휴먼'이라고 설명합니다.

그리고 초프라는 루미의 시 "저렇게 문이 활짝 열려 있는데, 어째서 그대는 감옥에 머무는가!"를 인용하며, 우리가 한계 안에 머무는 이유가 쾌락과 고통을 오가는 아슬아슬한 드라마 같은 삶을 좋아하기 때문이라고 하는데요. 드라마를 벗어나 메타휴먼이 되면 좋은 이유를 그에게 들어 봅니다.

초프라의 말

물리적 진화라는 족쇄에서 벗어난 이후, 호모 사피엔스는 뇌에 조종당하는 꼭두각시이기를 멈추었다. 신경 과학이 밝혀낸 모든 소견들에도 불구하고. … 핵심은 당신이 자신의 뇌를 지배하는 것이지 그 반대가 아니라는 점이다. 메타휴먼으로 가는 길은 바로 이것에 대한 자각의 길이다. 당신이 어떤 존재인지는 당신이 정하는 것이다.

자유는 한계 없는 각성된 의식이다. 그리고 그것이 바로 메타휴먼의 정의이다. 어떤 일이든 가능한 상태야말로 가장 우리다운 상태이다.

한계 안에서 살게 된 근본적인 원인은 분열된 자아에 있다. 이제껏 인간의 본성은 축복할 만한 무엇임과 동시에 두려워할 무엇인 것으로 정의되어 왔다. 분열된 자아를 넘어서는 것이 결정타 역할을 한다.

『메타휴먼』 p.149~154

분열된 자아의 행동 강령, More, more, more

●

초프라는 의식을 바다에, 마음을 파도에 비유합니다. 그리고 마음의 어두운 면들(폭력, 두려움, 우울, 슬픔, 갈등)을 만들어 내는 '분열된 자아'°에 갇히지 않기를 추천합니다. '에고'는 끝없이 '나(에고)에게 더 많이'라는 행동 강령을 가졌고, 행동 강령 그 자체가 '에고'입니다. 에고는 우리에게 내재된 요구에서 생겨났고 '궁핍함'이라는 의식의 한 상태입니다. 아마도 에고는 전체성에서 분리되었기에 필연적으로 부족함을 느끼며 늘 '더, 더, 더'를 외치는 것 같네요.

그런데 에고는 변신에 능숙해서 모두를 잘 속입니다. 에고를 당신의 적이라고 부르는 순간, 그것 또한 에고의 판단입니다. 그렇다고 에고를 우리의 친구라고 부른다면, 이 또한 에고의 판단입니다. "나는 에고 없이 존재하고 싶다."라고 말할 때 그 말을 하는 것이 에고이고, 에고는 스스로 사라지고 싶어 하지 않습니다.

○　초프라 외 여러 명상세프들이 이것을 '에고(ego)'라고 부르며, 프로이트가 정의한 '에고'와는 비슷하면서도 다릅니다.

에고의 두려움을 넘어, 깨달음으로

●

이런 에고를 변화시키는 것이 깨달음(enlightenment)입니다. 초프라는 깨달음을 '분리된 자아가 사라진 전체성의 느낌' 혹은 '자기-인식(self-awareness)의 확장'이라고 설명합니다. 사실 깨달음은 주관적이고 개인적인 경험의 영역에 있고, 기준을 어디에 두느냐에 따라 깨달음의 여부가 달라져서 객관적으로 연구하거나 정의하기 쉽지 않은 용어인데요.

깨달음을 경험했다는 사람들을 연구한 제프리 마틴 박사의 얘기를 종합해 보면 공통적인 요소들이 있습니다. 그중 하나가 '분리된 자아라는 느낌이 사라진 상태'라고 해요. 그래서 모순처럼 들리지만, 깨달은 이들은 "지금 여기서 당신에게 말하고 있는 나는 존재하지 않아요."라고 말합니다. 또한 그들은 자신의 몸을 더 이상 피부로 한계 짓지 않고, 물리적 몸을 넘어 확장되는 느낌을 받는다고 합니다. 이와 함께 죽음에 대한 두려움이 사라지고 거대한 자유로움이 생긴다고 해요. 이게 어떤 느낌일지 궁금할 것 같아서 초프라의 전체성 경험하기 명상법을 가져왔습니다.

의식 안의 몸

●

1단계: 몸을 자각한다.

2단계: 몸에서 일어나는 몇 가지 활동을 자각한다.

3단계: 몸을 어떤 내부의 공간으로 자각한다.

이제 주의를 몸의 내부로 보낸다. 머릿속을 텅 빈 공간으로 느끼고, 그곳을 시작으로 가슴, 명치, 배, 다리, 그리고 발까지 똑같이 느끼며 내려온다. 각각의 부위마다 잠시 멈춰 장기들을, 당신의 의식이 자유롭게 움직이는 어떤 공간으로 경험해 보라.

4단계: 내부의 공간을 피부를 넘어서 확장시킨다.

5단계: 전체성 안에서 쉰다.

※ 다른 단계는 세부 설명을 생략하고, 조금 난해한 3단계만 초프라의 설명을 덧붙였어요.

『메타휴먼』 p.330~331

몸이 나라는 고정 관념

이전의 명상법들과는 조금 다른 느낌이죠. 초프라는 대부분의 사람들이 스스로를 육체 안에 들어 있는 것으로 경험하기 때문에 마음이 아닌 몸에서 연습을 시작하는 것이 효과적이라고 합니다. 육체를 더 이상 살과 뼈의 모음으로 보지 않고 '의식의 한 형태'로 여기면 많은 변화들이 일어난다는데, 제가 그를 급진적이라고 말했던 이유를 이제 알겠죠?

그럼에도 불구하고 제가 초프라를 여러분에게 소개하는 이유는 저도 '나'의 범위를 피부라는 물질적 경계로 나누는 것이 일종의 고정 관념이라고 생각하기 때문입니다. 내 몸이 내가 아니면 무엇이 나라는 건가요? 이 물음에 대한 답은 뒤편에 있는 명상셰프들의 이야기에 또 등장하니 그때 다시 이어갈게요.

메타휴먼으로 가는 길의 함정 피하기

●

초프라가 말하길, 메타휴먼이 되면 받는 보상은 '전체성'인데 이는 분리된 자아를 치유하는 일이기도 합니다. 메타휴먼이 되는 길은 다양한 종교나 철학에서 추구했던 최상의 단계와 비슷한데, 이 목표에 도달하려는 사람들이 자주 만나는 함정들이 있으니 잘 피하라고 조언해요.

1. 목표를 모종의 자기 계발로 착각한다. 불완전한 옛 자아를 세탁해 산뜻한 새 자아로 갈아입고 싶은 거다.
2. 목표가 무엇인지 이미 알고 있다고 생각한다.
3. 상위 의식이 모든 문제를 해결해 주리라 희망한다.
4. 어쨌든 빨리 도달하려고 분투하고 버둥거린다.
5. 어떤 정형화된 공식 같은 방법을 좇는다. 대개 어떤 저명한 영적 권위자가 든든한 배경이 되어 주는 것들이다.
6. 고차원 존재로서 존경, 숭배, 헌신의 대상으로 우러러 보이길 희망한다.
7. 일시적인 성공과 실패들로 점철된 채 여기저기 방황한다.

『메타휴먼』 p.300

이런 함정들은 에고가 만든 것입니다. '지금 이 순간'에 초점을 맞추면 에고의 영향력에서 벗어날 수 있고, 마음을 어지럽히는 많은 일들을 피해 갈 수 있습니다. 혹시 좀 더 쉬운 버전의 초프라 이야기를 찾는다면 2023년 12월 재출간된 『바라는 대로 이루어진다』(나비스쿨, 2023)를, 비슷한 주제의 책을 더 읽고 싶다면 데이비드 호킨스의 『의식 혁명』(판미동, 2011), 『놓아버림』(판미동, 2013)을 추천드립니다.

떠오르는 음식
지나가다 간판을 보고 맛이 궁금했던,
영하 196도 액체 질소 아이스크림

돈 미겔 루이스

네 가지 약속

미움받을 용기가 필요한 분들에게
굳은 심지를 만들어 줄
톨텍 인디언의 네 가지 비법

추천 도서

『네 가지 약속』

(돈 미겔 루이스, 김영사, 2012)

『The Four Agreements』

(Don Miguel Ruiz, Amber-Allen Publishing, 1997)

멋진 것들은 종종 단순합니다. 큰 글씨와 넓은 줄 간격으로 적힌 174페이지의 얇은 책이지만 10년 이상《뉴욕 타임스》베스트셀러에 선정된 『네 가지 약속』이라는 책이 있습니다. 1997년에 출간되어 지금까지 미국에서 1,200만 부 이상 팔리고 52개 언어로 번역되었으며, '오프라 윈프리 쇼'에 두 번이나 소개되었다니 어떤 내용인지 궁금하지 않나요?

인생을 바꾼 교통사고

●

이 책을 쓴 돈 미겔 루이스(이하 '미겔')는 민간 치료사 어머니와 주술사 할아버지가 있는 멕시코 가문에서 태어났습니다. 미겔의 가족들은 그가 영적 치료사가 되기를 바랐으나 그는 의대에 진학해 외과 의사가 됩니다. 그런데 이후, 큰 교통사고가 난 미겔은 유체 이탈 경험(자기가 차에 동승한 친구들을 끌어내는 모습을 자신의 육체 밖에서 봄)을 하고 충격을 받아, 집안 대대로 내려오던 톨텍 인디언의 지혜를 배우기 시작했습니다.

이 책은 정확히 구분하자면 명상 책이라기보다 영성에 관한 책입니다. 사전을 찾아보면 '영성'은 인간 삶의 가장 높고 본질적인 부분이며 진정한 자기 초월을 향해 고귀하고 선한 것을 추구하는 일이라고 적혀 있어요. 그런데 영성을 높이는 방법으로 명상이 빠지지 않고 등장하고, 명상의 목표(혹은 자연스러운 결과) 중 하나인 선한 자비심이 영성의 목표이기도 하기에 몇몇 영성가들을 명상셰프로 초대했습니다.

네 가지 약속

●

우리가 기존의 약속을 하나씩 깨뜨릴 때마다 그것을 만들어 내기 위해 소모되었던 모든 힘이 다시 우리에게 돌아온다. 만일 우리가 이 네 가지 새로운 약속을 선택한다면, 우리는 기존 약속의 총체적 체계를 뒤바꿀 수 있는 막강한 힘을 얻을 수 있을 것이다.

1. 말로 죄를 짓지 마라
2. 어떤 것도 자신의 문제로 받아들이지 마라
3. 추측하지 마라
4. 항상 최선을 다하라

『네 가지 약속』 p.43

정말 단순하고 평범하기까지 하죠? 그런데 이곳이 왜 맛집인지, 어떤 맛인지 하나씩 음미해 볼게요.

첫 번째 약속: 말로 죄를 짓지 마라

●

『이토록 뜻밖의 뇌과학』(더퀘스트, 2021)이라는 책을 보다가 눈이 번쩍 뜨인 부분이 있습니다. 우리의 뇌가 보이지 않게 다른 사람들의 뇌와 함께 움직인다는 주제의 챕터였는데, 인간은 가장 중요한 도구로 '말'을 사용해 서로(의 신경계)를 조절한다는 내용이었어요. 상상실험으로 누군가에게 사랑한다는 말을 들었을 때와 혐오한다는 말을 들었을 때 나의 반응을 떠올려 보면 이 주장이 거짓이 아님을 금방 알 수 있는데요. 말의 막대한 힘과 능력을 아는 미겔은 첫 번째 약속으로 '말로 죄를 짓지 마라.'라고 합니다.

미겔에 따르면 이 약속은 가장 중요하지만 가장 지키기 어려운 약속입니다. 말은 인간이 지닌 마술이고, 말을 악용하는 것은 사악한 마술이라고 합니다. 그런데 우리는 말의 힘을 모른 채 사악한 마술을 종종 부리며 살고 있어요.

한 예로, 어느 엄마가 노래하고 있던 어린 딸에게 무심코 던진 비난의 말에 몇십 년간 딸은 자신의 감정을 억제하며 노래 부르기를 거부합니다. 다른 예로는 사람들과 주고받는 험담이 컴퓨터 바이러스처럼 퍼지면 우리의 판단력이 흐려지는데, 그럼에도 불구하고 우리는 '나의 관점이 옳다.'라고 느끼고 싶어 험담을 합니다. 무서운 일이죠.

두 번째 약속: 어떤 것도 자신의 문제로 받아들이지 마라

●

두 번째는 우리 주변에서 어떤 일이 벌어지든, 누가 나를 욕하고 비판하든 그것을 자신의 문제나 잘못으로 받아들이지 말라는 조언입니다. 이유는 다른 사람이 하는 말이나 일들은 전적으로 그들 자신의 감정, 믿음, 의견 등을 표현하는 것이기 때문입니다. 그런 상대방의 말이나 행동을 자신의 문제로 받아들인다면 스스로 그 독성을 빨아들여 나의 것으로 만드는 셈이 됩니다. 다만 이 약속은 상대방의 말을 경청하고 이해하려는 노력과 함께 적용하기를 추천드려요. 이해하거나 믿기 어렵다면 미겔의 설명을 직접 들어 보죠.

미겔의 말

●

어쩌면 당신은 내게 이렇게 말할지도 모른다. "미겔, 지금 네가 하는 말 때문에 내가 상처를 받고 있어." 물론 이것 역시 사실이 아니다. 당신에게 상처를 주는 것은 내가 하는 말이 아니다. 내 말은 단지 당신이 지닌 상처를 건드렸을 뿐이다. 당신이 당신 자신에게 상처를 주고 있는 것이다. 그러므로 당신의 말을 나와 상관이 있다고 받아들일 이유가 없다.

어떤 것도 자신의 문제로 받아들이지 않는 습관이 굳어지면 당신은 온갖 감정의 혼란을 피할 수 있다. 다시 말해, 분노, 질투, 시기만 사라지는 게 아니라 깊은 슬픔까지 사라질 것이다.

『네 가지 약속』 p.72, 80

세 번째 약속: 추측하지 마라

●

세 번째 약속은 두 번째 약속과 연결됩니다. 우리가 살면서 겪는 슬픔과 문제들이 어떤 일에 대해 추측하고 그것을 자신의 문제로 받아들인 데서 생겨나기 때문이죠.

이 약속을 지키는 좋은 방법은 상황을 내 맘대로 추측하지 않고 상대방에게 직접 물어보는 겁니다. 우리가 늘 뭔가 추측하는 이유는 맞든 틀리든 답이 있다는 것에 안심하기 때문이고, 직접 물어볼 용기가 없기 때문이기도 합니다. 추측하지 않고 명확하게 의사소통할 수 있다면 인간의 많은 문제가 저절로 해결될 거라고 미겔은 말해요.

네 번째 약속: 항상 최선을 다하라

●

네 번째는 앞의 세 가지 약속을 실천하고 몸에 밸 수 있도록 돕는 약속입니다. 당연한 말이라 별로 필요 없는 말 아니냐 생각할 수도 있지만, 미겔은 '최선'을 다한다는 것을 몇 가지 색다른 관점으로 이야기하니 한번 들어 보세요.

첫째, 너무 무리하면 에너지가 고갈되어 목표 달성에 더 많은 시간이 걸릴 수 있고, 최선을 다하지 않을 경우 좌절감과 죄의식이 드니 더도 말고 덜도 말고 자신만의 최선을 다하세요. 둘째, 어떤 행동이 즐겁거나 당신에게 부정적인 영향이 없는 방식일 때 그것이 바로 최선입니다. 셋째, 최선을 다한다는 것은 곧 행동으로 옮기는 것이며, 보상을 바라서가 아니라 마음에서 우러나와 하는 것입니다. 그러므로 만약 보상을 기대하고 행동한다면 최선을 다하기가 어렵습니다. 넷째, 앞의 세 가지 약속을 어겼더라도 다시 또 시작하세요. 남은 하루라도 약속을 지키며 살겠다 다짐하세요. 이것이 항상 최선을 다하는 방법입니다.

우리의 힘을 가두는 약속들, 미토테

●

우리의 그릇된 믿음은 진정한 자신을 못 보게 만드는 뿌연 안개와 같은데, 이 안개를 톨텍 인디언들은 미토테(mitote), 인도인들은 마야(maya, 환영)라고 불렀습니다. 미토테는 마치 수많은 사람들이 동시에 떠드는 상태와 비슷하고, 우리는 그 말들 즉 기존의 약속들을 따르느라 자신을 희생하고 때로는 학대하기까지 합니다. 여기에 대부분의 에너지를 쓰고 나면 우리는 이미 지쳐요. 미겔의 네 가지 약속은 미토테에 속하는 약속들을 깨뜨리고 본래의 힘을 되찾는 자기 자신과의 약속입니다. 말로 죄를 짓지 마라, 어떤 것도 자신의 문제로 받아들이지 마라, 추측하지 마라, 항상 최선을 다하라. 잘 보이는 곳에써 붙여 두고 지켜 보세요.

떠오르는 음식
줄줄이 붙은 맛집 스티커가 보증하는
전통 멕시코 가게의 대표 타코

에크하르트 톨레

지금 이 순간을 살아라

영성에 관심 있는 사람이라면 이미 보았을,
아직 보지 않았다면 한 번은 봐야 할
에고 상세 설명서

추천 도서

『삶으로 다시 떠오르기』
(에크하르트 톨레, 연금술사, 2013)

『A New Earth : Awakening to Your Life's Purpose』
(Eckhart Tolle, Penguin Life, 2005)

에크하르트 톨레(이하 '톨레')는 사춘기 때부터 스물아홉 살까지 심한 우울증을 겪다가, 어느 날 밤 '나는 나 자신과 더 이상함께 살 수 없어.'라는 생각이 들었습니다. 하지만 그러다 문득 '내가 그럼 둘인가?'라는 의문과 함께 '둘 중 하나는 가짜'라는 걸 깨달았어요. 그때 진공과 같은 에너지 속으로 빨려 들어가는 변화를 겪고, 단지 '관찰하고 지켜보는 존재'가 나타나면서 모든 질문과 '나'가 사라진 깊은 평화가 찾아왔습니다. 대부분의 사람들이 생각과 감정, 이름과 성별, 국적과 직업 등을 자신이라고 여기지만, 톨레는 그것을 '에고(ego)'라고 부르며 '자신에 대한 허구의 이미지'라고 말합니다.

에고에 관한 거의 모든 것

●

저는 톨레만큼 에고에 대해 자세하고 쉽게 설명해 주는 사람을 아직 못 봤어요. 에고를 잘 알아차릴수록, 에고가 진짜 나라고 착각하는 횟수와 시간이 줄어들수록 우리는 평화와 기쁨과 순수한 열정의 상태로 살아갑니다. 어떤 종교나 전통에도 속하지 않고 활동하는 톨레는 자신이 오랜 세월 전해 내려오는 모든 종교와 영적 교사들의 핵심적인 가르침을 그저 반복하는 것이라 말하지만, 다양한 매체에서 21세기 최고의 영적 교사 Best 3로 달라이 라마, 틱낫한 스님과 함께 톨레를 꼽고 있습니다.

우리나라에서는 배우 유인나와 강하늘이 2019년 MBC '같이펀딩'이라는 공익 프로그램에 오디오 북 제작자로 출연해서 좋아하는 명상 책으로 『삶으로 다시 떠오르기』를 동시에 추천해 화제가 되기도 했어요. 또한 이 책의 역자인 류시화 시인이 좋은 외서를 고르기로 유명하여 그가 번역한 책들은 개인적으로 신뢰도 +1 하여 읽습니다.

인류의 진화, 깨어남

톨레는 에고를 나로 착각(동일시)하는 것이 고통의 근본적 원인이라고 얘기합니다. 그런데 이런 에고를 알아차리는 순간이 곧 깨어남이고, 이 깨어남이 인간 진화의 다음 단계라고 해요. 데이비드 호킨스의 표현을 빌리자면 영적 인류(Homo Spiritus, 호모 스피리투스)로 향해 간달까요. 제가 명상을 하는 가장 큰 이유도 저를 포함한 우리 모두가 고통에서 벗어나 깨어난 채로 살아가기를 바라기 때문입니다.

그럼 깨어난 삶이 어떤 거냐 혹은 뭐가 좋은 거냐 궁금할 텐데, 톨레에게 물어보면 깨어 있는 상태일 때 '받아들임·즐거움·열정'이라는 세 가지 방식 중 하나로 살 수 있다고 해요. 즐거움과 열정은 말 그대로이고, 받아들임은 폭우 속에서 펑크 난 타이어를 갈아 끼워야 하더라도 짜증 내거나 저항하지 않고 평화롭게 그 일을 하는 것입니다(저에게 해당하는 예는 음식물 쓰레기 모으고 버리기가 있네요!).

만약 당신이 셋 중 하나의 방식으로 있지 않다면, 자신 혹은 타인에게 고통이 일어나는 걸 발견할 거라고 해요. 깨어남을 확인하는 매우 간단하고 명확한 지표죠. 이래서 사람들이 톨레를 좋아합니다. 유튜브 채널 구독자 수도 2024년 6월 기준 197만 명으로 전 세계 3대 영적 교사 중 가장 많네요.

에고가 죄는 아니잖아?

●

기독교에서 말하는 '죄(원죄)'를 과거에 쓰던 글자 그대로 번역하면 '화살을 쏘는 이가 빗맞혀 과녁을 벗어났다.'라는 뜻입니다. 따라서 '죄'는 나쁘거나 사악한 어떤 것이라기보다 일종의 기능 장애(미숙함)를 가리키는 말이라고 합니다. 비슷한 설명으로 저는 유대교 신비주의 카발라에서 '악(惡)'을 '잘못 위치된 힘'이라고 정의했던 것이 기억나요

마찬가지로 에고도 '나쁜' 것이라기보다 '인간 공통의 환상이자 무의식적인 상태'입니다. 에고에 관해 더 자세히 설명하면 대부분의 사람들이 인류가 고통을 받는 원인은 두려움, 욕망, 권력욕 때문이라고 생각하지만, 그보다 더 깊은 뿌리에 에고가 있어서 에고로부터 그 원인들이 생겨난다는 겁니다. 이때 고통에서 벗어나고자 에고를 없애려는 마음이 든다면 바로 그 없애려는 마음 자체도 에고라고 합니다. 그렇다면 대체 에고를 어떻게 대해야 좋을지 톨레에게 들어 보죠.

톨레의 말

●

에고를 너무 심각하게 받아들이지 않는 것이 좋다. 자신 안에서 에고의 행위를 감지하게 되면 미소 지으라. 때로는 소리 내어 웃어도 좋다. 인류는 어떻게 이토록 오랫동안 이런 것에 사로잡혀 있는 것일까? 무엇보다 먼저, 에고는 개인적인 것이 아님을 알아야 한다. 에고는 당신이 아니다.

자신은 옳고 다른 사람은 틀리게 만드는 것은 에고 지배적인 마음의 주된 방식 중 하나이며, 무의식의 주된 형태이다. … 에고는 소유와 존재를 동일시하는 경향이 있다. "나는 소유한다, 고로 나는 존재한다." 그리고 더 많이 가질수록 자신이 더 많이 존재한다고 믿는다. 에고는 비교를 통해 살아간다.

에고의 주된 특징인 '더 많이' 바라고 아직 충분하지 않다는 심리적 욕구는 경우에 따라서는 육체 차원으로 옮겨 가 끝없는 배고픔의 증세로 나타난다.

『삶으로 다시 떠오르기』 p.72~75, 77~78

어렵죠? 저도 사실 그래요

●

톨레의 책을 인생 책으로 꼽으며 여러 번 읽었다는 사람들을 종종 만납니다. 책이 좋아서 그렇기도 하지만, 최대한 쉽게 설명함에도 불구하고 에고라는 개념 자체가 어려워서 더 그런 것 같아요. 『어린 왕자』 같은 책이 시간이 갈수록 다르게 읽히는 것처럼, 톨레의 책도 손이 잘 닿는 곳에 두고 종종 꺼내 읽다 보면 새로운 이해와 깨달음이 찾아올지도 모릅니다.

그리고 어렵지만 중요한 행동 지침이 하나 있는데 '다른 사람의 언행에서 에고를 발견하더라도 그것에 대응하지 않는 것'이 자신의 에고를 뛰어넘는 최선의 방법일 뿐 아니라 인간의 집단적 에고를 소멸시키는 가장 효과적인 방법이라는 겁니다. 입장을 바꿔 생각해 봐도 타인이 나의 에고를 지적한다면 순순히 인정하기보다는 서로의 감정이 상하고 다툼을 시작할 확률이 높겠죠? 반면에 에고에 대응하지 않음으로써 오히려 상대방의 온전한 정신을 끌어내는 경우가 종종 있다고 해요. 누군가의 행동이 에고에서 나온 것이고, 그 에고가 인간의 집단적 기능 장애라는 점을 기억하고 알아차리면 상대방(개인)을 탓하고 싶은 충동이 저절로 사라집니다.

전부 에고라니, 대체 어떡하죠?

●

두꺼비가 지네에게 어느 발 다음에 어느 발을 내딛는 거냐 물었더니 그걸 의식하다 스텝이 꼬여 버렸다는 캐서린 크래스터의 동시가 있습니다. 이것도 저것도 다 에고라니 머릿속이 복잡해지고 이러다 아무 일도 못 하게 되는 거 아닌가 싶지만, 에고를 구별하고 벗어날 힌트를 하나 드릴게요. 부족함을 바로잡는 것과 에고의 불만이 다른데, 가령 식당에서 식은 수프가 나왔을 때 '수프가 식었으니 데워 달라'라고 하는 것과 '어떻게 내게 식어 빠진 수프를 가져다줄 수 있지?'라고 생각하는 것이 다르다는 겁니다. 정말 이해가 쏙쏙 되는 비유죠!

나(에고)를 중심으로 사는 삶이 당장은 좋아 보일지 몰라도 결국은 나와 타인에게 고통을 준다는 점을 철저히 이해하고 체득하면, 우리는 다른 방식(받아들임, 즐거움, 열정)의 삶을 사는 영적 인류가 됩니다. 에고의 함정을 피하는 가장 효과적인 방법은 지금 이 순간을 사는 것, 즉 명상이죠. 톨레는 특정한 명상법을 권하기보다 에고와 에고 없는 삶을 우리가 이해하도록 친절하게 꾸준히 설명합니다. 명상에서는 왜 그렇게 '지금(now)'을 강조하는 걸까요?

지금 이 순간을 살아라

●

삶에서 가장 근본적이고 중요한 관계는 '지금'과의 관계이다. 더 정확히 말하면 '지금'이 취하고 있는 모든 모습, 즉 지금 존재하는 것들 혹은 지금 일어나는 것들과의 관계이다. 이 '지금'과의 관계가 기능 장애를 일으키면, 그 기능 장애는 당신이 맞닥뜨리는 모든 관계, 모든 상황에 반영될 것이다. 간단히 말하면 에고라는 것은 이런 식으로 정의할 수 있다. '현재의 순간과의 기능 장애적인 관계.'

시간은 순간들의 끝없는 연속이고, 그 순간에는 '좋은' 순간도 있고 '나쁜' 순간도 있다고 생각될 것이다. 그러나 잘 관찰해 보면, 즉 자신의 직접적인 경험을 통해 보면, 그렇게 많은 순간들이 있는 것이 전혀 아님을 발견하게 된다. 존재하는 것은 오직 '지금 이 순간'뿐이다.

『삶으로 다시 떠오르기』 p.258~259, 263

시간과 에고라는 창작물

명상에서는 '지금 이 순간'을 중요하게 여깁니다. 현재라는 찰나의 순간에 일어나고 사라지는 현상들을 정확히 봄으로써 마음과 세상의 본질을 알아차리거나 이해하고, 나 혹은 상대방의 욱하는 감정에 대응할 심리적 주도권도 생기니까요.

김상욱 물리학자의 '시간'에 대한 강연에 나왔던 흥미로운 이야기를 하나 덧붙이자면, 아인슈타인은 시간이라는 것이 실제로는 존재하지 않고 인간 지성의 '창작물'이며 시간의 기원은 인간의 기억이라고 말했다고 합니다. 저도 이 의견에 동의하는데요. 톨레 역시 직접적인 경험을 통해 보면 존재하는 것은 오직 지금뿐이고, 에고라는 것 역시 자세히 뜯어보면 실재하지 않는데 인간의 상상력으로 창작된 개념이라고 해요. 여러분의 생각은 어떤가요?

떠오르는 음식
세상의 모든 고민과 나 자신까지 잠시 잊고
빠져드는 맛, 맵단맵단 즉석떡볶이

켄 월버

시그니처 명상

모든 것의 주시자

명상만으로는 2% 부족함을 느끼던
마음 탐험가들에게
마음의 지형을 보여 주는 통합 명상 지도

추천 도서

『켄 윌버의 통합명상』
(켄 윌버, 김영사, 2020)

『Integral Meditation』
(Ken Wilber, Shambhala, 2016)

이번 명상셰프 켄 윌버(이하 '윌버')는 저의 개인적인 취향을 저격하는 분입니다. 지금까지 그의 책 열두 권을 읽었는데, 각 권을 다 읽을 즈음이면 좋아하는 초콜릿의 마지막 한 입이 남은 것처럼 아쉬웠어요.

그의 대표작 『무경계』(정신세계사, 2017)는 2005년 문화체육관광부 추천 도서(교양/철학 분야)였고, 『여덟 단어』(인티N, 2023), 『책은 도끼다』(인티N, 2023) 등을 쓴 광고인 박웅현이 '제대로 사는 법을 배울 스승 같은 책'으로 소개한 적이 있습니다. 그리고 세계적인 영성가들을 언론에서 뽑으면 윌버가 10위권 안에 있어요. 명상의 이론과 실제 모두를 최고 수준으로 겸비한 학자 겸 수행자이고, 혹자는 그를 '의식 연구 분야의 아인슈타인'이라 부릅니다.

거의 모든 학문을 총정리한 통합 이론가

●

윌버는 동서고금의 심리학·의학·교육·종교·과학·영성·사회학·철학 등 모든 분야를 연구하면서, 그 위계와 연관성을 밝혀 깔끔하게 정리한 통합 이론을 만들었습니다. 통합 이론의 예로, 그는 세상을 크게 '나', '우리', '그것(들)'이라는 세 가지 영역으로 나눕니다. 이들은 각기 다른 가치와 기준을 지니는데 '나'는 미학, '우리'는 도덕, '그것(들)'은 과학에 해당해요. 세 영역을 더 자세히 설명하면, 각 개인이 자신의 기준으로 아름다움을 느끼는 '미(美)'의 영역, 대중들의 사회적 합의로 더 나은 정의가 결정되는 '선(善)'의 영역, 실험과 검증으로 객관적 진위가 판별되는 '진(眞)'의 영역입니다.

윌버에 따르면 명상은 각 개인의 주관적 체험으로 존재하기에 미(美)의 영역에 속하고, 명상이 사람들에게 전파되는 방식은 이렇습니다. (1) 여러 사람들의 명상 체험이 언어나 예술로 타인에게 전달되면 (2) 명상에 의한 변화와 성장의 단계가 있음을 어렴풋이 믿고 직접 따라 해 봄으로써 (3) 수많은 경험자들의 증언으로 명상의 효과가 검증됩니다. 그리고 윌버 사상의 핵심은 인간 의식은 발달하고 진화하며, 그 과정에 구조와 수준, 질서와 방향성이 존재한다는 겁니다.

성장의 길, 깨어남의 길

●

윌버의 통합 이론은 인간의 변화를 두 가지로 구분하는데 하나는 '성장(growing up)의 수준', 다른 하나는 '깨어남(waking up)의 상태'입니다. 기존의 명상법들은 주로 깨어남에 관한 이야기만 해 왔기에 높은 단계의 명상 상태를 경험한 사람이라도 성장이 더딘 경우가 있었고, 그 예로 명상 수행에 정통한 인종 차별주의자의 범죄나 심리 성적 발달이 저조한 명상 지도자의 성추행을 현실에서 보게 됩니다.

성장의 길은 사실 약 100년 전 시작된 발달 심리학 연구를 통해 새롭게 발견된 영역입니다. 여러 발달학파들의 연구를 비교해 보면 본질적으로 6~8단계의 성장이 있다고 거의 똑같이 설명해요. 예를 들면 도덕적 성장은 자신만을 소중하게 여기는 좁은 단계에서 시작해 소속된 집단, 국가, 세계 시민, 지구 생태계까지 배려하는 넓은 단계로 나아갑니다.

깨어남의 길은 인류 역사의 초기부터 발견되었고, 깊은 명상 중에 경험하는 평소와는 다른 의식 상태에 관한 가르침입니다. 깨어남의 유경험자들이 남긴 글을 보면 그 상태는 내(자신과의 동일시)가 사라진 무아의 체험이고, 가장 높은 명상 상태에 이른 사람들의 뇌파를 측정하면 '꿈 없는 깊은 수면 상태의 델타파'와 '깨어 있는 상태의 알파파'가 함께 나타나요. 그 증거로 윌버 본인이 뇌파 측정기를 머리에 쓰고 명상을 하며 변화하는 뇌파를 실시간으로 보여 주는 영상을 유튜브에 올리기도 했습니다. 윌버는 이렇게 찾은 성장의 길과 깨어남의 길을 함께 추구하는 통합 마음챙김 명상을 우리에게 추천합니다.

윌버의 말

●

통합적인 마음챙김과 보통의 마음챙김은 정확히 어떻게 다를까? 통합적인 마음챙김에서도 보통의 마음챙김을 사용한다. 그러나 통합적인 마음챙김은 앞에서 언급한 최첨단 모형, 즉 통합 이론의 획기적 통찰들과 실제를 마음챙김과 혼합한 것이다. 또 통합적 마음챙김에서는 마음챙김을 적용할 수 있는 삶의 영역에 초점을 맞추고, 이 영역들을 개선하고 발전시키기 위해 통합적 체계를 사용한다.

(통합 이론은) 지도(map)와 같다. 우리는 이 지도를 이

용해서 일이나 관계, 예술 창조, 자녀 양육, 새로운 과정의 학습, 스포츠 등 우리가 몸담고 있는 영역들을 이해한다. 우리가 만든 지도들은 이 영역들을 어떻게 바라보고 항해해야 하는지 알려 준다. … 그저 내면을 들여다보기만 해서는 그것을 알 수 없다.

성장의 과정에서 덜 발달된 낮은 차원의 숨은 지도가 지닌 영향력에서 벗어나는 길은 이 지도를 발견하고 알아차리는 것뿐이다. … 숨은 지도를 하나 발견했는데, 이것이 정말 진부하고 구시대적이며 부적절하고 완전히 잘못됐다는 생각이 든다고 하자. 그러면 이것을 파헤쳐 내고 대체해야 할 것이다. 바로 이 과정에서 마음챙김은 강력한 효과를 발한다.

『켄 윌버의 통합명상』p.13~15, 18

명상의 한계와 오용

●

쉽게 말하면 통합 명상은 명상으로 잘 해결되는 일이 있고 다른 방법으로 잘 해결되는 일이 있으니 그걸 구분하고 더 나은 방법을 적용하자는 겁니다. 가령 어떤 심리적 문제가 있는 사람이 그 문제를 회피하는 수단, 즉 방어기제로 명상을 사용할 수 있는데요. 상담가들은 이를 '영적 우회(spiritual bypassing)'라고 부르며 영적인 개념이나 수행으로 기본적인 인간의 욕구, 감정, 발달 과제를 회피하거나 조급하게 초월하려는 시도라고 정의해요. 배가 고프면 밥을 먹어야지, 명상을 할 때가 아닌 거죠.

주시자 맛보기 퀴즈!

●

간단한 퀴즈를 몇 개 드릴게요. 내가 길에서 고양이를 보고 있을 때, 그 고양이는 나인가요? 아니죠. 내가 고개를 들어 하늘을 보고 있을 때, 그 하늘은 나인가요? 아니죠. 다음 질문부터는 답이 조금 헷갈릴 겁니다. 내가 나의 화난 감정을 보고 있을 때, 그 화는 나인가요? 내가 나의 손을 보고 있을 때, 그 손은 나인가요? 월버는 이 모든 물음에 '아니'라고 답합니다. 어떤 대상을 보는 존재인 '주시자' 혹은 '관찰자'는 그 대상이 아니기 때문입니다. 마치 눈이 눈을 볼 수 없고, 혀가 혀를 맛볼 수 없는 것처럼요. 이 원리를 이해하고 주시자를 인식하면 '에고와의 동일시'에서 한 걸음 벗어난 상태가 됩니다. 그럼 윌버에게 주시자 쉽게 찾는 법을 들어 보죠.

켄 윌버의 시그니처 명상
모든 것의 주시자

●

편안히 앉아 마음의 긴장을 풀고, 바로 지금 스스로 자기라고 느끼는 것을 알아본다. 아주 단순하게 스스로 자기라고 부르는 것을 알아차리는 것이다. 그런 다음 자신에게 그것을 짧게 설명해 준다. 예를 들면 이렇다. '나는 ○○살이고, 몸무게는 ○○이고, 키는 ○○○이고, 대학은 ○○를 나왔어. ○○학위가 있고, ○○일을 하고.' … 이런 식으로 계속하되 묘사는 간단하게 한다.

여기서 중요한 것은, 지금 자신이 이해하고 느끼는 자기의 전반적인 모습을 보편적이고 '객관적인' 시

각에서 제대로 바라보고 인식하는 것이다. 이 예비
작업을 많이 할수록 이후에 진정한 자기를 만나기
가 훨씬 쉬워진다. 그러니 몇 분만이라도 시간을 내
서 자신에 대해 생각해 본다.

그런데 여기서 주목할 점이 있다. 이 일에 두 개의
자기(two selves)가 관여하고 있다는 점이다. 하나는
여러분이 대상으로 인식한 자기, 즉 여러분이 이해
하고 묘사한 자기이다. … 다른 하나는 보는 일을 하
고 있는 자기(Self), 묘사하는 일을 하고 있는 자기,
실제로 보는 자(Seer), 관찰하는 자기(Observing Self),
주시자이다. … 20세기의 선 스승 젠카이 시바야마
는 이것을 '절대적 주체성'이라고 불렀다.

『켄 윌버의 통합명상』p.155~156

어렵지만 궁금하고, 복잡하지만 재밌는

●

저를 포함한 남자 넷이 매달 모여 명상에 대한 이야기를 나누는 '명상하는 형들'이라는 모임을 2021년 여름부터 하고 있는데, 각 멤버들이 명상을 시작한 계기를 들어 보니 두 명씩 두 파로 나뉘었습니다. 하나는 마음이 괴로워서 시작한 '살려고 파', 다른 하나는 나는 누구인지(무엇인지) 궁금해 시작한 '호기심 파'였어요. 저는 후자이고, 저와 비슷한 성향의 분들에게는 윌버의 책이 잘 맞을 겁니다. 그의 정밀한 지도가 탑재된 최신 내비게이션을 달고 명상의 바다를 안전하게 항해하세요.

떠오르는 음식
비싸지만 한번은 가 보고 싶은,
예술적 플레이팅이 눈길을 끄는 고급 레스토랑의 디너 코스

수 불 스 님

시그니처 명상

간화선(화두 명상)

'나는 누구인가?'라는 근원적 질문에
가슴 뛰는 분들을 위한
화두 사용 설명서

추천 도서

『간화심결: 간화선 수행, 어떻게 할 것인가』

(수불 스님, 김영사, 2019)

시험을 앞두고 벼락치기로 공부하듯 단기 집중해서 빠르게 성과(깨달음)를 얻는 독특한 명상법이 있습니다. 12세기 중국 송나라의 대혜종고라는 분이 창시한 '간화선'인데, 볼 간(看), 화두 화(話), 선 선(禪)을 합친 말로 '화두를 집중 탐구하는 명상'이라는 뜻입니다. 여기서 나온 '화두'라는 단어는 '관심을 두어 중요하게 생각하거나 이야기할 만한 것'이라는 의미로 일상에서도 자주 쓰이죠. 그럼 간화선 명상에서는 화두가 어떤 의미와 역할로 쓰이는지 알아볼까요?

선(禪)이 뭔가요?

●

'선(禪)'의 원어는 팔리어 '자나(jhāna)'이고, 이것이 동아시아에 와서 중국의 '찬(Chan)', 한국의 '선(Seon)', 일본의 '젠(Zen)'이 되었습니다. 선의 뜻은 집중된 명상 상태(선정, 삼매) 또는 이에 도달하는 수행 방법입니다.

저의 대학&대학원 전공이 선학(禪學)이었는데요. 인도에서 시작된 불교 명상이 중국을 통해 한국에 오기까지의 과정과 내용을 공부하고, 중국과 한국의 선 스승(선사)들이 남긴 '선어록'이라 부르는 책들을 연구했어요. 대중들에게 꽤 알려진 선사로는 인도에서 중국으로 불교 명상을 전한 달마 대사, 한국 현대 불교 최고의 스승으로 존경받는 성철 스님, 세계를 돌며 한국의 선 명상을 존 카밧진 등 수많은 제자들에게 가르친 숭산 스님이 떠오릅니다.

최신 버전의 간화선

●

간화선은 중국에서 시작되었지만 현재는 오직 한국에만 그 전통이 제대로 남아 있어 K-명상으로 세계에 전할 만한 명상법입니다. 1989년부터 34년째 한국과 미국 등에서 간화선을 지도하고 있는 수불 스님은 바쁜 현대인들도 며칠만 휴가를 내면 참석 가능한 5박 6일 일정의 간화선 집중 프로그램을 300회 이상 진행해 왔습니다.

간화선이 다른 명상과 가장 다른 점은 '화두'를 집중 탐구한다는 겁니다. 화두의 유래는 과거 선사들이 제자에게 던졌던 질문이나 제자의 물음에 대한 선사의 답이었고, 문헌에 남은 화두의 종류는 약 1,800개입니다. 예를 들면 달마를 찾아온 혜가라는 이가 자신의 마음을 편안하게 해 달라고 하자, 달마가 그 불안한 마음을 가져오면 편안하게 해 주겠다 말하는 '선문답'이 있습니다. 그 후의 이야기도 궁금할 텐데, 혜가가 마음을 찾으려 해도 찾을 수 없다고 답하자, 달마는 내가 너의 마음을 편안하게 해 줬다고 말해요.

생각이 닿지 않는 자리: 내가 사라진 아침

●

선문답의 화두들은 때로는 말장난처럼 보이기도 하고 일반 상식을 벗어나 있어서, 생각으로 이해하거나 논리로 답을 찾기가 불가능합니다. 그래서 화두를 받은 이는 몰라서 답답하고 문제가 풀리지 않아 화가 나기도 합니다만, 스승을 믿는 마음으로 끝까지 화두를 듭니다. 더 정확히 말하면 내가 화두를 든다기보다, 답을 찾고 싶은 간절한 마음이 나를 가득 채운달까요.

저는 20대 중반에 셀프 문답을 하다가 저만의 화두가 생긴 적이 있습니다. '나는 왜 살까? 행복해지려고. 그럼 나는 어떻게 행복해지지?'라는 질문의 다음 단계로, 내가 행복하다 할 때 그 '나'라는 것에 대한 의문이 들었습니다. 그렇게 2~3일쯤 '나'에 대한 궁금함이 가득한 채 지내다 잠이 들었는데, 아침에 깨어 보니 내가 있던 작은 방이 마치 우주 한가운데 있는 것처럼 넓게 느껴졌습니다. 또한 내 몸과 외부를 나누던 모든 경계가 사라져 나라는 사람이 없는 듯하고, 이 상황을 지켜보는 고요한 관찰자가 있었어요.

이렇게 내가 사라진 아침의 경험은 그 원인이 무엇이든,

그것이 어떤 현상이든 '나 자신'에 관한 기존의 믿음들을 흔들어 놓았고, 내가 누구인지는 여전히 모르지만 '내가 아닐 수도 있는 것들'을 조금은 더 알게 되었죠. 화두는 이렇게 마음을 오직 한 가지 문제에 집중하게 만들고 극적인 변화를 일으킵니다. 더 자세한 설명을 수불 스님에게 들어 보죠.

수불 스님의 말

●

대혜종고 선사가 중생병의 원인인 분별심을 뭉치게 해서 일거에 타파하는 방법으로 제시한 것이 간화선(看話禪)이다. 병의 원인을 누르는 것이 아니라, 오히려 드러내 더욱 뭉치게 해서 한꺼번에 뿌리 뽑는 것이다.

나는 누구인가? 어디서 왔는가? 죽으면 어디로 가는가? 우리는 이런 근원적인 문제에 한번 정직하게 부딪혀야 한다. 이 생사(生死) 문제를 풀지 못하면, 허무한 인생을 면할 수가 없다.

『간화심결: 간화선 수행, 어떻게 할 것인가』 p.62, 79

머리에 불이 붙은 듯, 조자룡이 홀로 적진에 뛰어들 듯

●

수불 스님은 간화선이 인간을 깨달음에 이르게 하는 '정확하고 쉽고 빠른 지름길'이라고 말합니다. 머리로 아는 것과 체득하는 것이 다른데, 간화선은 후자에 해당하고 '갑작스러운 깨달음(돈오, 頓悟)'의 순간을 통해 나의 온 존재를 단숨에 변화시킵니다. 그래서 화두를 들 때는 머리에 붙은 불을 끄듯, 『삼국지』속 조자룡이 유비의 아들을 구하러 적진에 홀로 뛰어들어 수많은 적군과 싸우듯 다른 생각할 겨를 없이 오직 화두의 답을 찾는 일에만 집중하라고 해요.

대부분의 명상법들은 거문고 줄이 너무 팽팽하거나 느슨하면 소리가 나지 않으니 적정 수준을 찾으라 추천하지만, 간화선은 물이 끓으려면 100도가 넘어야 하니 몰입, 또 몰입하라고 수행자들을 밀어붙입니다. 어찌 보면 모든 문제를 빠르게 해결하고 최고를 추구하며 치열하게 살아가는 한국인들의 성향과 잘 맞아서 간화선 수행법이 한국에 자리 잡은 것 같기도 해요.

중요한 건, 의심을 일으켜 줄 스승

●

간화선에서 또 하나 중요한 포인트는 제자가 진짜 의심, 진짜 화두를 들 수 있도록 안내해 주는 스승이 있어야 한다는 점입니다. 화두를 들다 보면 고요하고 편안한 상태나 신비로운 현상을 겪기도 합니다. 하지만 이런 현상에 잘못 집착하면 샛길로 빠질 우려가 있기에 경험 많은 스승의 점검이 필요합니다. 또한 생각이나 논리 등 잘못된 방법으로 화두를 풀려고 하다가 때로는 몸의 기운이 위로 쏠려 머리가 아프고 가슴이 답답한 '상기병'이라는 증상이 나타날 수도 있으니 조심해야 합니다. 이런 이유로 화두는 스승을 만나 직접 받는 걸 추천하며, 이번 편은 시그니처 명상 설명을 생략합니다. 더 자세한 내용이 궁금하다면 간화선 관련 책, 유튜브, 템플스테이를 찾아보세요(수불 스님이 설립한 안국선원은 서울 종로구, 부산 금정구, 미국 LA에 위치).

떠오르는 음식
내가 고른 재료로 만드는 자기 주도적 음식,
그 책임도 내가 지는 매콤얼얼 뜨거운 마라탕

법륜 스님

시그니처 명상

깨달음의 장

법륜 스님의 즉문즉설을
재밌게 본 사람이라면,
삶이 곧 명상이 될 변화의 시작점

추천 도서
『법륜 스님의 행복』
(법륜, 나무의마음, 2016)

법륜 스님이 창립한 정토회와 평화재단을 오래전 처음 봤을 때는 혹시 이상한 곳은 아닌가 의심하기도 했었습니다. 하지만 1990년대부터 지금까지, 굶주리는 국가를 위한 인도적 지원 활동과 진정한 행복을 위한 대중 교육을 선도하는 법륜 스님을 보면서 저의 의심은 존경심으로 바뀌었습니다.

이번 편에서는 명상셰프 법륜 스님이 35년 전 만들었으나 지금도 참가 신청이 매주 빠르게 마감되는 인기 명상 프로그램을 여러분에게 소개합니다.

세상의 모든 질문과 답, 즉문즉설

●

안 본 사람은 있어도 한 번만 본 사람은 없다는 '법륜스님의 즉문즉설'에는 특유의 유머코드와 뼈 때리는 지혜가 담겨 있습니다. 짝사랑을 해서 괴롭다는 청년에게는 "내가 산을 좋아하면 산을 보면서 내가 즐거운데, 그 사람을 사랑하면서 왜 괴로워요?"라고 되물어 '기대 없는 사랑'이 진짜 사랑임을 깨닫게 합니다. 또한 어떤 결정을 앞두고 망설이는 이에게는 "인생에 정답은 없으니 남의 불행 위에 내 행복을 쌓는 일만 아니면 어떤 선택을 하든 괜찮아요. 대신 내가 그 선택을 책임지면 됩니다."라고 명쾌한 답을 주기도 합니다.

2024년 6월 기준 143만 명이 구독하고 총 조회 수 9억 뷰를 넘긴 '법륜스님의 즉문즉설' 유튜브 채널에 가면 2,200개가 넘는 영상이 있어서 가족·친구·연애·결혼·육아·친척·공부·직장·심리·질병·죽음 등 사람이 살면서 겪는 온갖 문제에 대한 법륜 스님의 해답을 들을 수 있습니다. 궁금한 분들은 '질문+법륜 스님'으로 검색해 보세요. 그리고 법륜 스님이 만든 '깨달음의 장'이라는 유명한 오프라인 명상 프로그램이 있습니다.

깨달음의 장

●

깨달음의 장은 괴로움이 없는 사람, 자유로운 사람이 되는 길을 안내하는 수련입니다. 살다 보면 행복하기 위해 선택한 것들이 되려 나를 괴롭히고 있다고 느낄 때가 있습니다. 학교, 직장, 육아, 결혼 등 내가 선택하고 내가 만들었던 것에 갇혀 있는 듯합니다. 어디서부터 잘못된 걸까요? 자기 자신을 돌아보게 되면 새로운 인생의 문이 열릴 수 있습니다. 깨달음의 장은 지금까지 한 번도 경험하지 못했을 새로운 삶의 세계, 자기 인생의 주인이 되는 세계로 당신을 안내합니다.

정토회 홈페이지 jungto.org/training/awake

스포일러 금지, 깨달음의 장

●

4박 5일간 진행되는 깨달음의 장은 일정이나 내용이 외부에 전혀 공개되지 않습니다. 스토리를 알고 영화를 보면 온전히 몰입하기 힘들 듯, 사전 정보나 선입견을 가지고 프로그램에 참여하면 효과가 반감되므로 참가자들에게는 이곳에서 보고 들은 어떤 내용도 다른 사람에게 전하지 말아 달라는 당부를 합니다. 그것이 다음 참가자를 위하는 길이기 때문이죠.

저는 2023년 10월 4주 차 깨달음의 장에 참가했었고, 나름의 깨달음과 변화를 얻어 돌아왔습니다. 깨달음의 장은 1989년 처음 시작되었고 제가 참가했던 차수가 2228차였는데요. 다녀온 대부분의 사람들이 최고라 추천하고 오랜 기간 검증된 명상 프로그램이니, 삶의 변화가 절실히 필요한 분들이라면 정토회 홈페이지에서 신청해 보세요. 단, 선착순으로 빠르게 마감되니 서둘러야 합니다!

짜임새 있고 현실적인 명상 수업들

●

법륜 스님의 행복학교, 정토불교대학 등은 삶에 바로 적용하기 좋은 명상적인 이론과 실천을 알려 주어서 괴로운 마음을 벗어나는 데 도움이 됩니다. 그리고 2박 3일, 4박 5일 등으로 진행되는 온/오프라인 명상은 명상을 깊이 체험하고 배울 수 있는 프로그램입니다.

정토회는 요즘 삶이 힘든데 어떻게 해결해야 할지 모르겠다 하는 이들이나, 명상의 이론과 원리를 기초부터 차근차근 배우고 싶은 사람들에게 추천하는 명상맛집입니다.

떠오르는 음식
무엇이 들었을지 궁금한
아직 겉 포장도 뜯지 않은 큼직한 종합 선물 세트

전현수

시그니처 명상

선정(사마타)

깊은 명상의 단계들을 경험한
정신과 의사의 명상 체험 솔직 후기

추천 도서
『정신과 의사의 체험으로 보는 사마타와 위빠사나』
(전현수, 불광출판사, 2015)

전현수 정신건강의학과의원 원장님(이하 '전')을 떠올리면 '명상 모범생'이라는 이미지가 겹쳐집니다. 전은 1990년 본인의 병원을 개원해 정신과 의사로 일하면서도, 오직 명상에 전념하기 위해 두 차례 병원 문을 닫은 채 미얀마의 명상 센터 등에서 한 번은 6개월, 또 한 번은 1년 10개월간 수행을 했습니다. 또한 방대한 분량의 불교 경전들을 부지런히 읽고 연구해 불교와 정신치료를 접목한 '불교정신치료'의 기틀을 한국에 세우기도 했습니다. 학회에서 발표하는 모습을 자주 보고, 유튜브 강연 영상과 집필한 여러 책들을 보면서 명상에 대한 그의 진정성과 열정이 참 대단하다 감탄하곤 합니다.

내돈내산? 내명내경!

●

'내 돈으로 내가 산' 물건을 솔직하게 리뷰하듯, 전은 '내 명상으로 내가 경험'한 이야기를 『정신과 의사의 체험으로 보는 사마타와 위빠사나』에서 가감 없이 풀어냅니다. 깊은 명상의 상태는 외부 실험으로는 정확히 검증하기 어려운 내면 경험이라, 본인이 일정 수준의 경지에 이르렀다 말하는 사람을 만나도 순순히 믿기가 어려워요. 하지만 전은 최대한 객관적으로 본인의 체험을 관찰하고 분석해 담담히 설명하기에 믿음이 갑니다.

이게 정말 된다고? 스승 요다의 시범

●

영화 「스타워즈」에서 키 작은 초록색 외계인 스승 요다는 주인공이자 제자인 루크에게 물속에 빠진 전투기를 정신력으로 들어 올려 보라고 말합니다. 그러나 루크가 이를 실패하자 요다가 몸소 시범을 보이며 이렇게 말하는 장면이 저에게는 매우 인상적이었어요. "No! Try not. Do or do not. There is no try(아니! 해 보지 마라. 하거나, 하지 않거나 뿐이다. 해 본다는 건 없다)."

전의 책은 딱 요다의 시범 같은 느낌입니다. 그는 자신이 명상 중에 겪은 여러 특별한 경험들을 책에 기록해 두었습니다. (1) 호흡을 지켜보다가 몸이 솟아 천장에 부딪힐 것처럼 아래쪽 배에서 엄청난 기운이 올라오며 희열과 감격으로 눈물 흘린 일 (2) 호흡이 빛으로 바뀌어 숨을 들이쉬면 빛이 들어오고 숨을 내쉬면 빛이 나가던 상태 (3) 전생을 관찰하는 명상법으로 여러 번의 전생에서 각각 무엇을 했는지 보았다는 이야기 등입니다.

저도 짧고 불확실하지만 비슷한 경험들을 했었는데요. 아픈 다리를 참으며 장시간 결가부좌(두 발을 교차해 허벅지에 올리는 명상 자세)로 좌선을 하다가 강한 기운이 척추를 따라 오르며 자세가 저절로 펴지고 몸과 마음이 급격히 편안해진 경험이라던가, 명상을 깊게 하다 문득 히말라야 어느 설산 동굴에서 홀로 춥고 외롭게 수행하던, 마치 나의 전생처럼 느껴지는 이미지가 스치며 눈물이 난 적이 있습니다. 그래서 전의 특별한 체험이 비록 과학적으로 진위를 증명하기는 어렵더라도 충분히 가능하겠다 생각합니다.

전의 말

●

명상을 할 때 우리는 명상 대상에 마음을 모은다. 그
러나 마음은 명상을 하기 전의 습성대로 이것저것
으로 향한다. 그러한 움직임을 알아차리고 다시 명
상 대상으로 마음을 돌리는 훈련을 계속한다. 예를
들어 들숨과 날숨에 마음을 모으는 명상에서, 들숨
과 날숨을 지켜보다가 딴생각이 나면 생각을 중단
하고 들숨과 날숨으로 돌아온다. … 이런 훈련을 계
속하면 마음을 하나로 모을 수 있다. 언제나 마음을
하나의 대상으로 향하게 할 수 있다. … 마음이 완전
히 하나로 모인 상태가 선정(사마타, śamatha)이다.

『정신과 의사의 체험으로 보는 사마타와 위빠사나』 p.34

선정, 참 쉽죠? 꺾이지 않는 마음만 있다면!

●

차드 멩 탄 편에서 소개했던 '2분간 호흡에 주의 두기'는 '들
숨 날숨에 대한 마음챙김'의 초간단 버전입니다. 선정 수행의
방법 자체는 비교적 간단하지만, 오래 깊이 정기적으로 하려
면 상당한 인내와 끈기가 필요합니다. 또한 반복적인 활동이

라 지루할 수 있고, 성과가 기대만큼 빠르게 나타나지 않아 좌절하기도 하죠. 하지만 이미 오랜 기간 많은 사람들의 체험을 통해 검증된 길이니 한번 따라 해 보세요.

전현수의 시그니처 명상

선정(사마타)

●

삼매를 닦는 것을 사마타라고 한다. … 『청정도론』에는 사마타의 주제로 40가지가 나온다. … (필자 주: 40가지 중 2가지는) 몸에 대한 마음챙김, 들숨 날숨에 대한 마음챙김이다. … 파욱 명상 센터에서는 대개 '들숨 날숨에 대한 마음챙김'으로 선정 수행을 시작한다. … 이것을 호흡에 집중하는 4단계라고 한다. 첫 번째 단계는 숨이 길면 긴 대로 아는 것이다. 두 번째 단계는 숨이 짧으면 짧은 대로 아는 것이다. 세 번째 단계는 호흡의 모든 과정을 그대로 아는 것이다. 호흡을 하나도 안 놓치는 것이다. 네 번째 단계는 미세한 호흡을 경험하는 것이다.

『정신과 의사의 체험으로 보는 사마타와 위빠사나』 p.40~41, 44~45

일상에서 매 순간 명상하기

●

호흡이 명상의 대상일 때 장점은 하루 24시간 언제든 할 수 있다는 겁니다. 만약 호흡을 관찰하기 어려운 상황이라면 현재 하고 있는 행동(걷기, 먹기, 샤워하기 등)을 관찰하는 방법도 있습니다. 전이 추천하는 생활 속 명상 꿀팁은 '소리 내지 않고 움직이기'인데, 그러면 절로 마음챙김이 된다고 해요. 예를 들어 문을 여닫을 때 소리를 내지 않으려면 내 행동의 시작과 끝을 온전히 지켜보게 되는 거죠.

마음의 특징들

●

마음은 한 번에 오직 한 가지 대상에게 갑니다. 마치 컴퓨터의 CPU가 빠른 속도 때문에 동시에 여러 가지 일을 처리하는 듯 보이지만, 실제로는 한 번에 한 가지 계산을 하는 것처럼요. 전은 마음의 이런 속성을 알고, 우리를 해롭게 하는 대상인 각종 번뇌 대신 우리에게 도움이 되는 대상으로 마음이 가도록 하는 일이 명상이라고 합니다. 그러면 도움이 되는 쪽에 집중한 시간만큼 해로운 쪽의 영향에서 벗어날 수 있겠죠.

명상에서 집중(선정)을 강조하는 이유는 그로 인해 유익한 효과들이 생기고, 이런 집중 상태로 레이저가 강철을 뚫듯 물질과 마음을 투철하게 관찰해 그 본질을 명확하게 알 수 있기 때문입니다. 선정을 토대로 세상의 작동 원리를 탐구하는 수행을 '위빠사나'라고 하는데, 이건 다음 편에서 소개하겠습니다.

떠오르는 음식
오묘하고 고급스러운 단맛에 이끌려 눈을 감고 음미하게 되는
아름답고 매혹적인 초콜릿 케이크

고엔카

정준영

우 빠디따 스님

시그니처 명상

위빠사나

무지와 의심의 덫에 갇혀
어디로 가야 할지 헷갈리는
중수 & 고수 명상가들을 위한 명상 나침반

추천 도서

『고엔카의 위빳사나 명상』
(윌리엄 하트, 김영사, 2017)

『THE ART OF LIVING : Vipassana Meditation』
(William Hart, HarperOne, 2009)

『있는 그대로』
(정준영, 에디터, 2019)

『번뇌를 위한 자비는 없다』
(우 빤디따 스님, 불광출판사, 2018)

『THE STATE OF MIND CALLED BEAUTIFUL』
(Sayadaw U Pandita, Kate Wheeler, Wisdom
Publications, 2017)

이번 편은 명상에서 꽤 중요한 주제를 다룹니다. 명상을 배우다 보면 한 번은 듣게 될 '위빠사나(vipassana)'에 관한 이야기예요. 명상을 크게 두 가지로 분류하면 집중 명상과 통찰 명상이고, 전자가 사마타, 후자가 위빠사나입니다. 그리고 둘의 차이는 마음이 대상에 초점을 맞추어 집중하느냐, 대상을 깊이 분석하느냐에 있습니다.

여러분에게 어느 정도의 설명이 도움이 될지 몰라, 마라탕에 기본 맛/중간 맛/매운맛이 있는 것처럼 세 가지 레벨의 위빠사나 책을 소개합니다. 기본 맛은 고엔카가 쓴『고엔카의 위빠사나 명상』, 중간 맛은 정준영 서울불교대학원대학교 명상학과 교수님(이하 '정')이 쓴『있는 그대로』, 매운맛은 우 빤디따 스님이 쓴『번뇌를 위한 자비는 없다』입니다.

유발 하라리의 명상 스승

●

고엔카는 1924년 미얀마의 부유한 인도인 집안에서 태어났고, 젊은 시절 심각했던 두통의 치료법을 찾다가 서른한 살에 위빠사나를 만났습니다. 위빠사나는 그의 건강뿐 아니라 삶 자체를 바꾸었고, 40대 중반부터는 공식적으로 다른 이들에게 무료로 명상을 지도하기 시작했어요. 그가 만든 프로그램은 지금도 여전히 무료(참가 종료 후 자율 기부)이고, 한국에서는 전북 진안의 '담마코리아'에서 10일 위빠사나 코스에 참여할 수 있습니다.

세계적인 베스트셀러 『사피엔스』(김영사, 2023)의 저자 유발 하라리도 명상이 자신의 인생을 바꾸었다 말하는 사람 중 하나인데, 바로 이 고엔카에게 위빠사나를 배웠습니다. 그리고 제가 유발 하라리의 한국 강연에 참석했을 당시 들은 바로는 그는 개인으로서도 학자로서도 위빠사나가 매우 큰 도움이 되었다고 해요. 세계를 연구할 때 모든 이론이나 스토리를 배제하고, 그저 '있는 그대로 바라보는' 과학적 탐구 방법을 위빠사나에서 가져왔다는 겁니다.

위빠사나의 뜻과 방법

●

위빠사나의 어원은 '위(vi-)'가 '분리하다, 쪼개다, 관통하다', '빠사나(passana)'가 '보다(see)'이고, 전체 뜻은 '있는 그대로 더 깊이 본다.'입니다. 영어로는 'insight', 한국어로는 '통찰'이라고 하죠. 위빠사나 참고서인 『청정도론』에서는 그냥 아는 것과 통찰의 차이를 이렇게 설명합니다. 어린아이와 시골 농부와 금속 세공인은 같은 동전을 보고 각자 다른 정보를 파악하는데, 통찰력이 뛰어난 금속 세공인은 동전의 무게를 어림잡아 알고 진짜와 가짜를 구분할 수 있다고요.

위빠사나의 방법은 네 가지 대상인 (1) 몸(호흡, 몸의 동작 등) (2) 느낌(즐거움, 괴로움 등) (3) 마음(탐욕, 성냄 등) (4) 법(괴로움의 원인, 소멸 등)에 대한 집중적인 관찰입니다. 그리고 위빠사나로 "몸, 느낌, 마음, 법을 있는 그대로 보면 어떻게 생겼나?"라는 물음에 과거와 현재의 많은 명상 선배들이 찾은 공통의 답이 있는데, 모든 것들이 생겼다가 순식간에 사라지더라는 겁니다. 마치 영화를 자세히 쪼개어 보면 1초당 24컷의 정지된 이미지인 것처럼요.

오래 씹을수록 더 좋은 맛

저는 한때 위빠사나가 제일 쉽고 편한 명상법인 줄 알았습니다. 그냥 관찰만 하면 되니까요. 그래서 재미없고 지루하다 생각했어요. 하지만 우 빤디따 스님은 관찰하는 힘이 커져서 대상들이 빠른 속도로 일어났다가 사라지는 것을 보는 통찰의 첫 단계에 이르면 단순한 감각적 쾌락보다 훨씬 좋고 독특한 기쁨을 느낄 수 있다고 합니다. 또한 그보다 높은 단계에서는 기쁨조차 사라진 통찰이 있습니다. 단, 자신이 어느 통찰의 단계에 도달했는지 스스로 판단하는 건 도움이 되지 않으니, 그런 판단은 스승에게 맡기고 그저 관찰하기를 놓치지 말라고 조언해요.

명상은 각종 번뇌로부터 우리를 지켜 줍니다. 아니, 더 정확히는 번뇌의 실체를 정확히 알고 더 나은 대응과 선택을 할 수 있게 해 줘요. 번뇌가 순간적으로 생겼다 사라지는 걸 보고 있으면 그 번뇌의 영향에서 쉽게 벗어납니다.

우 빤디따 스님의 말

●

마음속의 파괴적 힘을 이기는 유일한 길은 그것을 이해하는 것이다. 그리고 그 이해에 기반하여 살아가겠다는 결심을 해야 한다. 즉 상황에 따라 필요한 조치를 취하여 실수를 반복하지 않아야 한다. 번뇌는 '나'가 아니다. 그렇게 보일 뿐이다. 번뇌가 나에게 영향을 줄 수 있다는 점은 인정하더라도, 균형 잡힌 시각으로 바라보면 사실 번뇌는 '나'도, '내 것'도 아님을 알게 된다. 이 수준까지 오면 번뇌를 다스리는 데 상당한 진전이 있을 것이다.

하루만 마음을 관찰해 보면 좋아함과 싫어함이 번갈아 일렁이고, 산만했다가 조급했다가, 공상에 빠졌다가 실망감에 빠지고, 자학에 사로잡히곤 한다. 이 모두가 몹시 빠른 속도로 연이어 일어난다. 이러한 마음 상태의 대부분은 견디기 어려운 것들이다. 그렇기 때문에 조금만 안도감을 주는 것이라면 무슨 짓이라도 하게 된다.

『번뇌를 자비는 없다』 p.41~42, 50~51

위빠사나

●

호흡은 모두가 쉽게 집중할 수 있는 대상입니다. 누구나 태어나서 죽을 때까지 숨을 쉬기 때문입니다. … 훈련을 시작하려면 앉아서 편안한 자세를 하고 척추를 바로 세우며 두 눈을 감습니다. 콧구멍으로 들어오는 숨과 나가는 숨에 주의를 기울입니다.

이것은 호흡 수련이 아닙니다. 이것은 알아차림의 훈련입니다. 호흡을 조절하려고 하지 말고 호흡이 길든 짧든, 강하든 약하든, 거칠든 미세하든, 그것을 있는 그대로 알아차리고 그 알아차림을 유지하려고 노력해야 합니다. 어떤 방해들도 알아차림의 사슬을 끊지 못하도록 하면서 최대한 오랫동안 호흡에 주의를 집중합니다.

『고엔카의 위빳사나 명상』p.142

정리의 달인이 쓴 위빠사나 지침서

●

위빠사나를 배우고 싶어도 당장 긴 시간을 내어 수행 센터에 찾아가기는 어려운 것이 대다수의 현실입니다. 여러분도 만약 그렇다면 책으로 위빠사나를 최대한 제대로 배울 수 있는 『있는 그대로』를 강력 추천해요.

저자인 정은 어린 시절부터 위빠사나 수행을 체험하고, 미얀마에서 출가 수행자로도 오랜 기간 생활하며 여러 곳의 정통 수행 센터에서 위빠사나 수행을 경험한 분입니다. 이를 바탕으로 상세한 설명과 그림을 더해 누구나 바로 따라 할 수 있는 위빠사나 지침서인 『있는 그대로』를 출간했어요. 명상 초보자가 읽기에는 살짝 어려운 이론적인 내용도 포함되어 있지만, 명상 방법에 대한 설명은 매우 쉽습니다.

제가 다닌 대학원에 출강 온 정의 수업을 들었던 때를 떠올려 보면, 늘 맑은 얼굴에 부드럽고 유머러스한 성격이면서도 명상에 관해서는 한 치의 양보도 없었습니다. 다수의 문헌에 근거한 정확함과 디테일을 지닌 주장들을 해서 그 말과 글은 늘 믿음이 갔어요. 정은 지금 우리가 배우는 불교(명상)는 2,500년 전의 것이 아니라 2,500년이 된 것이라는 말을 했는데, 그만큼 많은 이들의 연구와 체험을 통해 발전해 왔고 앞으로도 변화할 거라는 의미를 담고 있었습니다. 그 길고 큰 흐름 속에서 본인은 불교(명상)라는 거대한 성을 짓는 데 일생 동안 벽돌 한 장 놓는 마음으로 산다 했던 말이 기억에 오래 남아 지금의 저도 비슷한 마음으로 명상맛집을 쓰고 있습니다.

명상은 우리가 번뇌의 실체를
정확히 알고 더 나은 대응과 선택을
할 수 있도록 도와줍니다.

번뇌가 순간적으로 생겼다
사라지는 것을 보고 있으면
그 번뇌의 영향에서 쉽게
벗어날 수 있습니다.

기타 유의사항들

●

1. 어떤 일을 하다가 도저히 잘 안 되고 막히는 부분이 있으면 그것이 틀린 방향이라서 그럴 수도 있고, 뚫어야 하는 난관일 수도 있습니다. 이를 스스로 구분하기란 어렵기에 경험 많은 스승을 찾는 편이 좋습니다. 대부분의 위빠사나 수행 센터에는 스승과의 인터뷰 시스템이 잘 갖춰져 있으니 만약 명상을 하러 가게 된다면 궁금한 점들을 물어보세요.

2. 고엔카와 우 빤디따 스님이 공통적으로 하는 말인데, 인류 공통의 도덕성을 지키며 살아갈 때 제대로 된 명상이 가능하고, 집중(사마타)의 힘이 뒷받침되어야 통찰(위빠사나)이 가능합니다.

3. 명상을 하면 어떻게 변화할지 답을 미리 알고 싶은 마음이 있다면 내려놓고, 명상의 공식을 배워서 스스로 계산해 보세요.

4. 수행의 결과는 특별한 체험이 아니라 지혜로 나타납니다.

고엔카·정준영·우 빤디따 스님의 말

●

그대가 스스로 노력해야 한다. 깨달음에 도달한 자
는 그 길을 보여 줄 뿐이다.

『고엔카의 위빳사나 명상』 p.174, 담마빠다 XX.4 (276)

위빠사나를 실천하는 데 있어 가장 중요한 것은 무
상함을 이해하는 것이다.

『있는 그대로』 p.27

책을 읽는 것 자체는 통찰이 생겨나고 깊어지는 것
의 원인이 전혀 아니다. 오직 직접적 관찰만이 그리
할 수 있다.

『번뇌를 위한 자비는 없다』 p.244

떠오르는 음식
매일 먹어도 질리지 않고 다른 무엇과 먹어도 맛있는
갓 지은 하얀 쌀밥

고타마 싯다르타

시그니처 명상

팔정도

원조 명상맛집,
불교의 철학과 수행법 맛보기

추천 도서

『정신과 의사가 들려주는 초기불교 32강』
(전현수, 불광출판사, 2020)

『청년 붓다』
(고미숙, 북드라망, 2022)

명상맛집 투어의 마지막은 2,500여 년 전통의 원조 명상셰프 고타마 싯다르타(이하 '붓다')에 관한 이야기입니다. 사실 붓다 (Buddha)는 '깨달은 자'를 뜻하는 일반 명사인데, 네팔 지역의 작은 국가에서 왕자로 태어나 출가 후 깨달음을 이룬 역사적 인물인 고타마 싯다르타를 칭하는 고유 명사로도 자주 쓰입니다. 한국에서는 석가모니(석씨 가문의 성자), 부처님으로도 불리죠.

붓다에서 시작된 불교는 세계의 다른 종교들과 큰 차이점이 있습니다. 신(God)이 아닌 인간의 힘과 노력으로 다다른 최선의 경지인 깨달음에 대한 일종의 교육 체계라는 점이 바로 그것입니다.

고통, 욕망, 해방, 그리고 팔정도

●

중고등학교 도덕과 윤리 시험에 대비해 불교를 잠깐이라도 공부했던 사람들이라면 사성제, 팔정도 같은 단어들이 아주 낯설지는 않겠죠. 하지만 교과서에는 워낙 수박 겉핥기로 나오는지라 불교는 복잡하고 어렵다 느끼는 이들도 있을 겁니다. 하지만 하나씩 뜯어 음미해 보면 붓다의 명상 이론은 매우 간단하고 쉽습니다.

사성제는 네 가지 거룩한 진리로 (1) 인생을 자세히 보니 생로병사, 원치 않는 인간관계, 원하는데 못 가지는 것 등 온통 '괴로움'이더라 (2) 괴로움이 왜 생기나 봤더니 더 좋은 것을 끝없이 원하는 '욕망(갈애, 渴愛)' 때문이더라 (3) 욕망에서 '해방'될 수 있다 (4) 그 방법으로 여덟 가지 길, 즉 '팔정도'가 있다는 겁니다.

팔정도

●

1. **정견**(正見, Right View): 바르게 보아서, 사성제를 안다.

2. **정사유**(正思惟, Right Resolve): 바르게 사유해서, 세 가지 바른 의도(욕망을 추구하지 않음, 화내지 않음, 남을 해치지 않음)를 낸다.

3. **정어**(正語, Right Speech): 바르게 말하며, 나쁘게 말(거짓말, 이간질, 난폭한 말, 실없는 말)하지 않는다.

4. **정업**(正業, Right Action): 바르게 행동하며, 나쁘게 행동(살생, 도둑질, 외도)하지 않는다.

5. **정명**(正命, Right Livelihood): 바르게 생계를 잇고, 나쁜 직업(인신매매 등)을 갖지 않는다.

6. **정정진**(正精進, Right Effort): 바르게 노력하며, 욕망의 해방에 도움이 되는 것이 내 안에 지금 있으면 늘리고, 없으면 앞으로 만들고, 도움이 안 되는 것은 지금 있으면 없애고, 없으면 앞으로도 생기지 않게 막는다.

7. **정념**(正念, Right Mindfulness): 네 가지 대상인 몸, 느낌, 마음, 법을 자세히 관찰한다(=마음챙김).

8. **정정**(正定): 마음을 하나로 모아 선정을 이룬다(= 사마타).

『정신과 의사가 들려주는 초기불교 32강』 p.155~158

바르게 바르게, 살짝 부담스러운데?

●

'바른'이 여덟 번이나 등장하는 팔정도가 조금 따분하고 부담스럽다 느끼는 사람들도 있겠죠? 솔직히 저도 그랬습니다. 욕망과 분노에 이끌린 선택 후 드는 죄책감이 싫어서 사람이 어떻게 바르게만 사냐고 자기 합리화를 했죠. 또한 앞으로도 자주 팔정도를 벗어날 것이 분명합니다.

하지만 팔정도가 나에게 결과적으로 더 이익이고, 오히려 편하고 행복한 길이라는 걸 충분히 이해하고 경험하면, 그때는 누가 시키지 않아도 자연히 팔정도로 걸어갈 것 같아요. 밤에 야식을 안 먹으니 아침에 속이 편안함을 경험한 사람이 야식의 유혹에 덜 흔들리는 것처럼요. 붓다는 언제나 "믿고 따르라."가 아니라 "와서 보라, 그리고 스스로 검증하라."라고 말했으니 여러분도 살펴보고 실험해 보세요.

그리고 개인적인 의견을 덧붙이자면, 팔정도의 앞에 세 가지를 더해서 삼·팔정도로 만들어도 좋겠다는 농담 반 진담 반의 마음이 있습니다. 제가 추천하는 삼정도는 정식(바른 식사), 정동(바른 운동), 정면(바른 잠)이에요. 건강한 몸에 건강한 정신이 깃든다는 서양의 격언처럼, 몸을 바르게 하면 마음이 몸을 따르는 효과가 있습니다. 명상의 기본자세로 척추를 곧게 펴는 것도 같은 이유 때문이겠죠.

21세기의 슈가맨, 스승 붓다

●

고전 평론가로 널리 알려진 고미숙 선생님(이하 '고')은 붓다의 파격적인 인생 스토리와 혁신적인 사유가 흥미진진해 『청년 붓다』를 집필했다고 합니다. 제목에 '청년'이 들어간 이유는 붓다의 출가 나이가 스물아홉 살, 깨달은 나이가 서른다섯 살로 청년기였고, 고가 운영하는 공부 공동체의 화두가 '청년'이었기 때문입니다.

또한 고는 이 시대의 청년들과 붓다의 코드가 서로 잘 맞는다고 합니다. 21세기 문명이 만든 욕망의 블랙홀과 허무의 사막을 건너는 데 붓다의 이야기가 도움이 될 거라고 말이죠.

⑴ 인생은 온통 괴로움이다.

⑵ 괴로움은 욕망하는 마음에서 생긴다.

⑶ 누구나 욕망에서 해방될 수 있다.

⑷ 해방에 이르는 여덟 가지 길, '팔정도'가 있다.

이 네 가지 거룩한 진리가 바로 사성제입니다.

청년들이 겉보기에는 부족함이 없어 보이지만 왜 그리고 어떻게 살아야 할지, 무엇이 자신에게 좋은 삶인지 모른 채 텅 빈 마음으로 쇼핑, 게임, 포르노를 탐닉하며 살면서도 헛헛함을 느낀다고 해요. 이런 공허함은 자기 계발이나 심리 상담만으로 다 해소되기 어려워서, 삶의 비전과 욕망의 지도에 대한 근원적인 탐사가 필요하고 이를 위한 최고의 스승으로 고는 붓다를 꼽습니다(『청년 붓다』 p.35 변용).

　제가 붓다의 이야기에 관심을 갖게 된 계기도 비슷한데요. 지금도 기억나는 성철 스님의 말이 "나는 진리를 찾는 사람인데, 그 진리에 가장 가까운 것이 불교에 있는 것 같아 출가했다. 더 나은 진리가 있다면 지금이라도 당장 승복을 벗고 그쪽으로 가겠다."입니다. 저 역시 중고등학교 시절부터 삶의 근원적인 질문들에 대한 답이 궁금했고, 붓다의 이론과 해결법이 저에게는 가장 설득력 있었습니다. 그리고 명상 맛집에 소개한 다른 책들도 삶에 유용한 진리들을 담고 있다 생각해요.

내 안에 명상 있다

●

코페르니쿠스가 천체 망원경으로 지구의 공전을 발견한 것처럼, 붓다는 명상으로 고통의 원인과 치료법을 발견했습니다. 명상은 모든 사람들이 이미 가지고 태어난 집중과 관찰의 능력입니다. 명상맛집을 통해 각자의 취향에 맞는 좋은 스승과 책을 발견하여 여러분의 명상 스킬이 레벨 업 되기를 희망하며 명상맛집 소개를 마무리합니다. 하지만 바로 헤어지기는 아쉬워서 가벼운 디저트와 굿바이 키트를 준비했으니 마저 봐 주세요. 붓다 편의 끝은 그의 유언으로 마무리합니다.

붓다의 말

●

자신을 섬(島, island)으로 삼고, 법(法)을 섬으로 삼
아 의지해 머물고, 남이나 다른 것에 의지하지 말라.
몸, 느낌, 마음, 법을 관찰하고, 세상에 대한 욕심과
싫어하는 마음을 버리면서 근면하게 분명히 알아
차리고 마음 챙겨 머물라.

『디가니까야 2 : 「대반열반경」(D16)』
(각묵 스님, 초기불전연구원, 2006) p.205~206 변용

※ 참고: '섬'은 중국에서 '등불'로 번역되어 "자신을 등불로 삼
고, 법을 등불로 삼으라."라는 버전도 있습니다.

떠오르는 음식
상 위에 정성껏 차린 모든 음식이
감동적이고 만족스러운 비건 한정식

고타마 싯다르타　　　　　　　　　　　　　　**259**

명상 & 인생 목표 세우기

추천 도서

『그릿 GRIT』

(앤절라 더크워스, 비즈니스북스, 2016)

『Grit: The Power of Passion & Perseverance』

(Angela Duckworth, Scribner, 2016)

당신은 명상을 왜 하나요? 이 질문을 받으면, 저는 명상을 통해 세상의 이치를 이해하고 싶어서라고 답합니다. 그럼 왜 세상을 이해하고 싶은지 물으면, 세상을 살아가며 덜 괴롭고 더 행복해지고 싶어서라고 답해요. 그런데 이런 '명상의 목표'만으로는 지속력이 잘 안 생기는 경우가 있습니다. 이럴 때는 내가 진심으로 헌신하고 싶은 '인생의 목표'가 있는지, 그리고 명상의 목표가 '인생의 목표'에 연결되어 있는지 살펴보면 좋습니다.

인생의 목표 세우기

세계적으로 유명한 자기 계발서 『그릿』의 저자 앤절라 더크워스는 그릿(Grit, 투지·열정·끈기·노력)의 중요성을 10년간의 연구를 통해 증명하고 소개하면서, 열정을 지속하려면 궁극적 관심이나 인생의 목표 같은 명확한 최상위 목표가 필요하다고 말합니다.

예를 들면 '약속 시간에 늦지 않는다.'라는 목표는 '타인에게 피해를 주지 않는다.'라는 상위 목표를 이루기 위한 수단이고, '타인에게 피해를 주지 않는다.'는 '세상에 선한 영향력을 미치는 사람이 된다.'라는 최상위 목표를 이루는 수단일 수 있습니다. 그리고 '훌륭한 교사로서 학생들의 삶을 변화시키는 사람이 된다.'처럼 최상위 목표가 더 구체적일수록 선택과 집중의 효과로 더 큰 성취를 이룰 수 있어요.

명상의 목표와 인생의 목표 맞물리기

명상의 목표는 넓게 보면 대부분 '괴로움에서 벗어나기'로 한 줄 요약됩니다. 하지만 만약 붓다가 괴로움에서 벗어나기만을 목표로 삼았다면, 명상으로 괴로움을 벗어난 후 사람들에게 자신의 발견을 전하지 않았을 겁니다. 내가 고생해 봤으니 다른 이들의 고통을 공감하고 안타까워하며 '내가 발견한 괴로움 해소법을 사람들과 공유하기'를 '인생의 목표'로 삼았기에 지금 우리가 더 손쉽게 명상을 배울 수 있습니다.

명상의 목표와 인생의 목표가 톱니바퀴처럼 맞물려야 명상도 삶도 서로 힘을 받아 잘 돌아갑니다. 명상을 하는 것이 인생의 목표를 이루는 데 힘이 되면, 인생의 목표를 성취하기 위해서 명상을 더 열심히 하는 선순환이 완성되는 거죠. 명상을 시작하기 전, 내가 명상을 하는 이유(목표)와 인생의 최상위 목표가 무엇인지 마음속 깊이 찾아보고, 두 목표가 연결되는 지점도 함께 찾아보면 좋겠습니다.

명상 습관 만들기

추천 도서

『아주 작은 습관의 힘』
(제임스 클리어, 비즈니스북스, 2019)

『Atomic Habits : An Easy & Proven Way
to Build Good Habits & Break Bad Ones』
(James Clear, Avery, 2018)

요가를 하는 사람들 사이에 이런 농담이 있습니다. "요가에서 가장 어려운 동작은 '요가 매트 위에 올라가는' 동작이다." 아마 다들 비슷하게 느낄 듯한데, 명상도 그렇고 다른 모든 일들에서도 시작이 제일 어려운 건 마찬가지인 것 같아요.

제가 본 다른 자기 계발서들에도 습관에 관한 이야기가 있었지만, 습관 '시작하는 법'을 가장 잘 설명하는 책으로는 제임스 클리어(이하 '제임스')의 『아주 작은 습관의 힘』이 최고였습니다. 그리고 저만 이렇게 느끼지는 않았는지 '자기 계발서의 공식을 다시 쓰는 2018 아마존 최고의 화제작'이라는 수식어와 함께 미국과 한국에서 베스트셀러 1위에 올랐던 책입니다.

습관을 만드는 한 가지 목표: 정체성

제임스는 습관을 변화시키려면 습관을 통해 얻고 싶은 결과가 아니라 내가 되고 싶은 사람, 즉 정체성에 초점을 맞추라고 합니다. 예를 들어 당신의 목표를 '책을 읽는 것'이 아니라 '독서가가 되는 것'으로 잡는 것이 좋아요.

이 팁이 왜 중요하냐면, 어떤 일이 나의 정체성과 조화를 이루면 그 일을 하는 것이 쉽고 자연스럽지만, 그렇지 않으면 억지로 해야 한다는 의무감과 저항감이 생기기 때문입니다. 가령 나는 늘 지각하는 사람이라는 정체성을 가졌을 때와 시간 약속을 잘 지키는 사람이라는 정체성을 가졌을 때의 행동이 스스로 인지하지 못하는 작은 수준부터 달라지는 거죠.

명상으로 이루고 싶은 나의 정체성 찾기

여러분이 명상을 통해 이루고 싶은 정체성은 어떤 사람인가요? 순간적인 감정에 휘둘리지 않는 사람, 집중력이 높은 사람, 심리적 괴로움이 없는 사람, 용감하고 자유로운 사람, 사람들과 잘 지내는 사람 같이 각자의 취향과 목표가 있을 것 같은데요. 이걸 먼저 찾고 명상을 시작한다면 명상을 지속하는 데 도움이 될 겁니다.

저는 개인적으로 2024년의 목표를 진정한 관계 맺기, 관계에 깨어 있기로 잡았습니다. 정체성으로 다시 쓴다면 진정한 관계를 맺는 사람, 관계에 깨어 있는 사람이 되겠네요. 기본적인 정체성으로는 켄 윌버처럼 사람들의 의식의 진화를 돕는 사람, 법륜 스님처럼 세상의 변화를 돕는 사람이 되고 싶다는 마음도 있습니다. 저에게는 이런 정체성들이 명상을 지속하는 힘, 그리고 이 책을 쓰는 동안 엉덩이를 무겁게 만드는 힘이 되었어요.

습관을 만드는 네 가지 공식:
분명하게, 매력적으로, 하기 쉽게, 만족스럽게

앞서 본 팔정도의 정정진(Right Effort)에서 좋은 건 늘리고 나쁜 건 줄이라는 얘기를 했었는데, 제임스의 습관 만드는 법도 좋은 습관을 늘리는 법과 나쁜 습관을 줄이는 법으로 구성되어 있습니다.

그의 차별점이자 강점은 습관을 만드는 시스템과 디테일인데요. 아주 간략히 소개하면 이렇습니다.

1. 습관으로 만들 행동을 분명하고 구체적으로 만든다.

   (예: 매일 명상을 해야지 → 일어나자마자 열 번 호흡 명상을 한다.)

2. 매력적으로 만든다.

   (예: 명상을 할 때, 좋아하는 음악이나 향초를 켠다.)

3. 하기 쉽게 만든다.

   (예: 하루 30분 명상 → 하루 3분 명상)

4. 만족스럽게 만든다.

   (예: 명상을 한 날, 달력에 동그라미를 친다.)

가장 강력한 동기 유지 치트키, 모임

습관을 매력적으로 만들기 위해서 제임스가 추천하는 가장 강력한 동기 유지 방법은 그 습관을 함께하는 모임에 들어가는 겁니다. 인간은 가까운 사람들의 행동을 자연히 보고 배우며, 자신이 소속된 집단의 문화와 규범을 따르면서 인정과 칭찬받기를 좋아하기 때문이죠. 『그릿』에서도 '훌륭한 수영 선수가 되는 가장 현실적인 방법은 훌륭한 팀에 들어가는 것'이라는 얘기가 나옵니다. 타인이 나의 행동에 강한 동기를 부여한다는 사실은 집에 손님이 온다고 하면 평소보다 열심히 집을 청소하게 되는 나의 모습만 봐도 쉽게 확인할 수 있죠. 명상 모임에 관한 이야기는 다음 디저트 코스로 준비했습니다.

명상 모임 만들기

추천 도서

『모임을 예술로 만드는 법』

(프리아 파커, 원더박스, 2019)

『The Art of Gathering:
How We Meet and Why It Matters』

(Priya Parker, Riverhead Books, 2018)

저에게 가장 큰 관심사 두 가지가 있는데, 하나는 명상이고 다른 하나는 모임(커뮤니티)입니다. 그래서 둘을 합친 '명상 모임' 만들기는 저에게 삶의 화두이자 미션입니다. 석사 논문의 제목이 '명상 커뮤니티의 활성화 방안 연구'였을 정도로요.

모임의 목적

우리는 왜 모일까요? 이 근원적인 질문에『모임을 예술로 만드는 법』의 저자 프리아 파커(이하 '프리야')는 '혼자서는 해결하지 못하는 문제를 해결하기 위해서'라는 명쾌한 답을 내놓습니다. 그녀는 15년 이상 모임에 대한 연구와 설계를 하며 컨

설턴트 겸 조력자로 일했고, 100명이 넘는 모임 주최자들을 인터뷰하여 실제 경험과 현실에서 우러난 책을 썼습니다. 그래서 제가 본 모임 관련 책들 중에서 독보적으로 유용하고 좋았어요.

명상 모임의 목적

우리는 왜 명상 모임에 갈까요? 그리고 가면 어떤 효과가 있을까요? 이에 대한 답을 저는 2014년부터 지금까지 다양한 콘셉트의 명상 모임들을 만들고 운영하며 찾았는데요. 크게 보면 첫째, 서로에게 배우는 상호 학습의 효과와 둘째, 명상을 지속할 동기가 유지되는 효과가 있고, 디테일하게는 다음과 같은 점들이 좋았습니다.°

1. 서로 배움의 측면

① 관점 확장 및 정보 습득의 효과: 명상 모임의 구성원들과 다양한 의견을 주고받으며 새로운 관점과 정보를 습득합니다.

② 롤 모델의 효과: 특정 구성원이 명상을 하며 긍정적으로

° 6개 명상 커뮤니티의 운영자 및 참가자 12명의 심층 인터뷰와 200명에게 실시한 온라인 설문 조사를 통해 쓴 필자의 석사 논문에 나오는 내용입니다.

변화하는 모습을 지켜보면서 나도 그 방식을 따라 하게 됩니다.

③ 수평적인 관계의 효과: 대체로 일방향의 소통이 이루어지는 강연 등과 달리 모임에서는 수평적인 소통이 되는 경우가 많아서 각자의 의견을 충분히 표현할 수 있습니다.

④ 타인 지도의 효과: 한 명씩 돌아가며 다른 구성원들에게 명상을 가르치는 진행 방식을 도입했을 때, 배움의 효과가 높았습니다.

⑤ 학습 주제 선정의 효과: 토론할 도서 등 주제를 정하고 모임을 진행할 경우, 구성원들의 참여도가 더 높았습니다.

2. 동기 부여의 측면

① 목표 설정 및 성취감의 효과: 공통의 목표나 챌린지가 있을 때, 함께 이루며 성취감을 느끼면서 실행력이 지속되었습니다.

② 외부 시선 및 공언의 효과: 옆에서 지켜보는 사람이 있으면 눈치가 보여서라도 더 부지런해지고 자신이 한 약속을 잘 지키게 됩니다.

③ 관계 형성 및 소속감의 효과: 서로 유대감이 있는 명상 커뮤니티에 소속되어 있는 것 자체로 심리적 안정감이 생깁니다.

④ 가치관 보호의 효과: 내가 지향하는 (명상적) 가치에 동조하는 사람들과 교류하면서 자신의 가치관과 자존감이 보호됩니다.

⑤ 타자 공헌의 효과: 일반적으로 인간은 타자에게 공헌하며 자신이 세상에 유익한 존재라고 느낄 때 자신의 가치를 실감하고 행복해집니다. 타인에게 친절하고 주변과 사회의 변화에 기여하려는 목적을 지닌 명상 커뮤니티에서 활동하며 이런 효과를 얻을 수 있습니다.

친구와 함께, 혹은 무소의 뿔처럼

90년대 인기 소설 원작의 영화 제목이면서 불교 경전인 『숫타니파타』에 나오는 "무소의 뿔처럼 혼자서 가라."라는 말을 들어본 적 있나요? 이것 때문인지, 명상 혹은 불교 수행자라고 하면 홀로 고독하게 수행하는 사람의 이미지가 있는데요. 절반은 맞고 절반은 틀립니다. 원래 맥락은 이렇거든요.

> 만일 그대가 현명하고, 일에 협조하고, 예의 바르고, 총명한 동반자(친구, 도반)를 얻는다면 어떠한 난관도 극복하리니, 기쁜 마음으로 생각을 가다듬고 그와 함께 걸어가라. 그러나 만일 그대가 현명하고, 일에 협조하고, 예의 바르고, 총명한 동반자를 얻지 못하면 마치 왕이 나라

를 버리고 가듯, 무소의 뿔처럼 혼자서 가라.

『한글대장경 숫타니파타』무소의 뿔에 관한 문장 41개 中.

명상을 혼자 배우고 연습하다 보면 여러 가지 벽에 부딪
힐 확률이 높은데, 현명하고 좋은 사람들과 함께하면 그 벽을
한결 수월하게 넘을 수 있습니다.

좋은 스승 판단법

그리고 좋은 스승이 있는 명상 커뮤니티를 찾기도 하는데, 달
라이 라마가 추천하는 좋은 스승 판단법이 있으니 참고해 보
세요.

어떤 사람이 스승의 자격을 갖추었는가 아닌가를 제3자
가 판단하기는 정말 어렵습니다. 한 사람이 다른 사람의
영적인 수준을 판단하는 것은 불가능하지는 않더라도
매우 어려운 일이 아닐 수 없습니다. 어떤 사람의 영적
수준이라든가 깨달음의 정도는 어떤 의미에서는 본인
이외의 사람에게는 완전히 가려져 있기 때문입니다.

그러나 아주 폭넓은 의미에서 누군가의 영적 수준을 판
단하는 것은 가능합니다. 누군가와 오랫동안 만나다 보

면, 여러분은 가끔 그 사람의 행동이나 버릇이나 말투, 다른 사람을 대하는 방식 등을 관찰함으로써 그 사람이 어느 정도의 영적인 수준에 올라 있는가를 가늠할 수 있습니다.

그리고 어떤 사람이 영적으로 행동하는 것을 단 한 번 보는 것으로는 충분하지 않습니다. 그것은 변함없는 행동이어야 합니다. 계속 지켜봐도 시종일관 같은 행동이어야 합니다. 거듭거듭 같은 행동을 보였을 때 비로소 그 사람이 영적으로 성숙했다고 추측할 수 있습니다.

『선한 마음』 p.161~162

명상 모임 운영을 위한 비법 재료

모임에 대한 프리야의 이야기들은 처음부터 끝까지 어느 하나 버릴 것 없이 유익합니다만, 그중 명상 모임에 가장 어울리는 한 가지 비법을 고르자면 '생각 말고 경험'을 이야기한다는 원칙입니다. 머릿속으로만 생각한 것을 서로 이야기하다 보면 대화가 추상적이고 지루해질 확률이 매우 높은데, 실제로 경험한 것을 이야기하면 대화의 집중도와 모임 구성원 사이의 연결감이 급격히 올라갑니다. 더불어, 그 경험 속에서 어떤 '선택'을 했는지와 그 이유를 말하다 보면 청중은 화자를 인간적으로 더 이해하고 공감할 수 있어요.

명상맛집의 시그니처 모임, 명상맛집 코스

이 책이 출간될 즈음, 저는 '명상맛집'라는 이름으로 명상 독서 토론 겸 실천 모임을 만들어 참가자를 모집하고 있을 겁니다. 트레바리라는 유명한 독서 모임의 슬로건이 "읽고, 쓰고, 대화하고, 친해져요."인데, 저는 살짝 바꿔서 "읽고, 대화하고, 명상해요."라는 문구를 홍보 포스터에 써 두고 싶네요. 저의 취향과 경험으로는 좋은 명상 책을 읽고 함께 토론하며 명상을 배우고 실천하는 방식이 사람들에게 가장 접근성이 높고 가성비도 좋았거든요.

명상맛집에서 소개했던 책들을 비슷한 주제별로 묶어 4개월 동안 세 권의 책을 읽으며, 첫 3개월은 매달 한 권씩 책을 읽은 후 만나서 토론하고, 마지막 1개월은 책에서 배운 명상을 각자의 일상에서 실천한 후 만나서 이야기 나누는 것이 명상맛집 코스의 기본적인 진행 방식이 될 겁니다. 또한 심화 과정을 희망하는 사람들이 있다면 한 권의 책을 집중적으로 공부해 볼 수도 있겠어요. 예를 들면, 잭 콘필드의 『마음이 아플 땐 불교심리학』이 다섯 개의 챕터로 구성되어 있는데, 다섯 명쯤 모여 한 챕터씩 발제하며 10주 동안 격주로 만나 스터디하기에 딱 좋겠습니다.

　이렇게 주제별로 묶은 명상맛집의 책들을 코스 메뉴로 만들어 다음 장에서 보여 드리니, 끌리는 주제의 모임에 참가해도 좋고, 명상에 관심 있는 지인들과 자체적으로 명상 모임을 진행해 보는 것을 추천합니다.

명상맛집 코스 메뉴

당신의 명상 레벨을 올려줄 명상맛집 4개월 코스 메뉴들입니다! 함께 명상을 배우고 실험할 분들은 명상맛집 홈페이지(www.msmzzip.com)로 언제든 찾아와 주세요.

www.msmzzip.com

명상맛집 코스	1개월 차	2개월 차	3개월 차	4개월 차
시작 (Beginner)	당신의 삶에 명상이 필요할 때	너의 내면을 검색하라	심리학자의 인생 실험실	
몸 (Body)	존 카밧진의 처음 만나는 마음챙김 명상	8주 나를 비우는 시간	기적의 명상 치료	
친절 (Kindness)	받아들임	두려움 없는 마음	마음이 아플 땐 불교심리학	
도전 (Challenge)	닥터 도티의 삶을 바꾸는 마술가게	성공을 부르는 리더의 3가지 법칙	흔들릴 줄 알아야 부러지 지 않는다	
평화 (Peace)	마음챙김 놀이	평화 되기	네 가지 약속	실습 & 피드백
영성 (Spiritual)	청년 붓다	삶으로 다시 떠오르기	켄 윌버의 통합명상	
위빠사나 (Vipassana)	고엔카의 위빳사나 명상	있는 그대로	번뇌를 위한 자비는 없다	
사마타 (Samatha)	사마타와 위빠사나	정신과 의사가 들려주는 초기불교 32강		
선 (Seon)	뉴로다르마		간화심결	
커뮤니티 (Community)	모임을 예술로 만드는 법	아주 작은 습관의 힘	그릿	

온/오프라인 추천 명상맛집

본 리스트는 필자의 개인적인 경험 및 조사에 전적으로 근거하였습니다. 리스트는 가나다순이나, '명상 센터/서비스'만 초심자가 접근하기 쉬운 곳부터 나열하였습니다.

1. 명상 앱

- 마보(한국어) mabopractice.com
- 심플해빗(영어) simplehabit.com
- 캄(영어/한국어) calm.com/ko
- 코끼리(한국어) kokkiri.kr
- 하루명상(한국어) harumeditation.com
- 헤드스페이스(영어) headspace.com

2. 명상 센터/서비스

각 명상 단체에 관한 더욱 자세한 소개는
명상맛집 네이버 카페의
'추천 명상맛집 리스트'를 참고하세요.

- 마음챙김놀이터 mindfulnoriter.com
- 한국아동마음챙김연구소 kormcc.imweb.me
- 밑미 nicetomeetme.kr
- 마인드트립 blog.naver.com/mindtripk
- 왈이의 마음단련장 wal.am
- 이너시티 lifeshare.kr/Inner_City
- 저스트비홍대선원 instagram.com/justbe_temple
- 정토회 jungto.org
- 세첸코리아 cafe.naver.com/shechenkorea
- 명상안내자 해뜨는곳 instagram.com/mind.meditation.kr
- Metta 맺다명상연구소 instagram.com/metta_meditationlab
- 이움(이완과움직임) ium.center
- 더웰니스콜렉티브 thewellnesscollective.kr
- 채환의귓전명상 cafe.naver.com/livemyear
- 젠테라피내추럴힐링센터 zentherapy.co.kr
- 국제치유싱잉볼협회 ishakorea.org

- 공감과자비연구소 cctocean.com
- 다르마타코리아 cafe.naver.com/dharmatakorea
- 담마코리아 korea.dhamma.org/ko
- 목탁소리 moktaksori.kr
- 보디야나선원 cafe.naver.com/bodhiyana
- 보리수선원 borisu.or.kr
- 샤카디타 코리아 sakyadhita.kr
- 세나니승원 cafe.daum.net/senani
- 제따와나선원 jetavana.modoo.at
- 중국위앙종한국지부 cafe.naver.com/mastersunim
- 한국마하시선원 koreamahasi.org
- 호두마을 vmcwv.org

3. 요가

- 썬데이나마스떼 sundaynamaste.com
- 요가소년 youtube.com/@yogaboyofficial
- 한국요가연수원 yogakorea.com

4. 명상 관련 학과

- **능인대학원대학교**(경기 화성시) **niu.ac.kr**
  [대학원] 명상심리학과, 불교학과

- **동국대학교**(서울 중구) **dongguk.edu**
  [학부] 불교학부
  [일반대학원] 불교학과, 선학과, 인도철학과
  [불교대학원] 명상심리상담학과, 불교학과, 융합요가학과

- **동국대학교 WISE캠퍼스**(경북 경주시) **web.dongguk.ac.kr**
  [일반대학원] 불교학과
  [불교문화대학원] 불교상담학과, 불교학과, 국제불교영어학과

- **동방문화대학원대학교**(서울 성북구) **dongbang.ac.kr**
  [대학원] 명상심리학과, 불교학과

- **서울불교대학원대학교**(서울 금천구) **sub.ac.kr**
  [대학원] 불교학과(명상학, 불교학, 불교상담학, 응용불교학 전공), 상담심리학과(자아초월상담학 전공), 심신통합치유학과(요가치료학, 통합치유학, 뇌인지과학 전공)

- **원광대학교 동양학대학원**(전북 익산시) **wku.ac.kr**
  [학부] 원불교학과
  [대학원] 선명상치유학과, 요가학과

- **원광디지털대학교**(사이버) **wdu.ac.kr**
  [학부] 요가명상학과, 원불교학과
  [웰빙문화대학원] 자연건강학과

5. 명상 관련 학회

- 대한명상의학회 kamm.kr
- 밝은사람들연구소 youtube.com/@happybosal
- 한국명상심리상담학회 mpca.or.kr
- 한국명상학회 k-mbsr.com
- 한국불교상담학회 kbcs.co.kr
- 한국불교심리치료학회 cafe.daum.net/kabp
- 한국심신치유학회 kmbha.modoo.at

6. 한국명상지도자협회 소속 단체 kamto.net

- MBSR 한국본부 cafe.daum.net/mbsrkorea
- 금강선원 geumgang.org
- 동국명상원 donggukmc.kr
- 동사섭 행복마을 dongsasub.org
- 명상상담평생교육원(목우선원) medicoun.com
- 문사수명상원 cafe.naver.com/moonsasu0207
- 보리마을 자비선명상원 jabisun.org
- 봉인사 한길정진원(가평) bonginsa.net
- 불교상담개발원 kbcd.org

- 불교인재원 생활참선명상 cafe.naver.com/jungdo2018
- 위빠사나붓다선원(마하위빠사나명상원) cafe.daum.net/bulwon
- 은유와마음연구소 cafe.naver.com/metaphorandmind
- 자비명상 cafe.daum.net/jurira
- 자애통찰명상원(명상의집 자애) band.us/@mettasati
- 지엄선실 cafe.naver.com/jiumbhavana
- 참선원 cafe.daum.net/4349285
- 통합매체표현명상상담아카데미(MTV통합명상) tongdam.co.kr
- 하트스마일명상 heartsmile.org
- 행복수업협동조합 cafe.naver.com/happyclassmc
- 행불선원 haengbul.co.kr

각 명상 센터의 위치는
명상맛집 네이버 지도 리스트에서
한눈에 볼 수 있습니다.

시그니처 명상들의 수준(깊이와 넓이 기준)

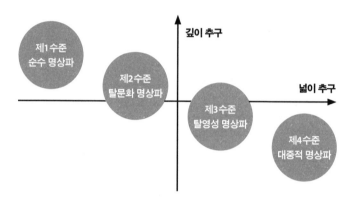

수준	시그니처 명상(목차 순)
제1수준 **순수** **명상파**	·틱낫한: 나무를 보듯 아들딸 보기(제1.5수준) ·수불 스님: 간화선(화두 명상) ·법륜 스님: 깨달음의 장 ·전현수: 선정(사마타) ·고엔카 외: 위빠사나 ·석가모니 붓다: 팔정도

제2수준 **탈문화 명상파**	·툽텐 진파: 자애&자비 명상 ·달라이 라마: 건전한 회의주의 ·디팩 초프라: 의식 안의 몸 ·돈 미겔 루이스: 네 가지 약속 ·에크하르트 톨레: 지금 이 순간을 살아라 ·켄 윌버: 모든 것의 주시자
제3수준 **탈영성 명상파**	·존 카밧진: 건포도 먹기 명상(MBSR) ·장현갑: 이완 명상(feat. 만트라) ·타라 브랙: 무가치감의 트랜스 인식하기(제2.5수준) ·제임스 도티: 의도를 명확하게 하기 ·비디아말라 버치 외: 즐거움의 보고(보물) 명상(제3.5수준) ·마크 윌리엄스 외: 단어를 보고 구체적인 사건 떠올리기(제3.5수준) ·잭 콘필드: 자신의 (셋 중 하나) 성격 유형 인정하기 ·김정호: 탈조건화 ·릭 핸슨: 신경계에 더 많은 긍정 경험 남기기
제4수준 **대중적 명상파**	·앤디 퍼디컴: 아무것도 하지 않기 ·수잔 카이저 그린랜드: 상상의 지퍼 올리기 ·차드 멩 탄: 2분간 호흡에 주의 두기 ·제니스 마투라노 외: 마음챙김 회의

명상맛집 투어를 마치며

어느 맛집에 처음 갔던 날, 식사를 마치고 가게를 나서는데 직원이 따라 나와 음식은 입맛에 맞았는지 물어보며 살짝 얼린 젤리스트로우를 디저트로 선물해 주었습니다. 음식도 훌륭했지만 이런 소소한 마음 씀이 좋아서 이 가게를 그 후 자주 방문했는데요. 이제 집으로 돌아갈 여러분에게도 명상맛집 투어가 만족스러운 감동의 기억으로 남기를 바랍니다. 그리고 재방문 의사가 있을 만큼 마음에 들었다면 주변 분들에게 명상맛집을 추천하고 명상맛집 코스에 와서 풍족한 메인 요리들을 함께 맛보아도 좋겠어요.

엔딩 쿠키는 없습니다

—

책을 쓰는 동안 문득 떠올랐던 말들을 서문과 맺음말에 넣고 싶어 잘 저장해 두었지만, 본문 쓰기를 마치고 보니 노파심에 구운 지식의 쿠키라 이미 명상을 배불리 맛본 여러분의 소화를 방해할 것 같아 그대로 냉동실에 넣어 두었습니다. 때로는 있음보다 '없음'이 우리를 더 행복하고 자유롭게 하는데, 있음과 많음을 귀하게 여기는 세상에서 '없음'과 '나눔'의 가치를 알려 주는 명상은 인생의 소화 불량을 시원하게 뚫어 주는 자연산 소화제 같기도 하네요.

엔딩 크레딧

—

영화 한 편을 만들기까지 수많은 사람들의 노력이 필요함을 엔딩 크레딧을 보면 알 수 있습니다. 이 책이 나오기까지의 엔딩 크레딧도 그에 못지않은데요. 제 몸과 마음의 뿌리이자 든든한 땅이었던 부모님, 집안의 중심을 잡아주는 멋진 형(과 형수와 세 조카들), 저를 가르쳐 주신 여러 선생님들(특히 동국대 지도 교수님이셨던 법산 스님과 종호 스님, 명상과 불교와 심리학을 알려 주신 미산 스님, 서광 스님, 용수 스님, 해주 스님, 김재성 교수님, 김정호 교수님, 박찬욱 교수님, 박희승 교수님, 안희영 교수님, 이규미 교수님, 전현수 원장님, 정준영 교수님, 한창환 교수님, 글쓰기를 알려 주신 故 이외수 선생님과 권순범 기자님, 어린 시절의 고마운 멘토 박순돌 선생님과 홍봉양 선생님), 함께 명상하며 서로에게 거울과 버팀목이 되어준 도반님들(동국대

선학과&불교학과&인도철학과, 동국대 불교학생회 동불, 한국불교심리치
료학회&스터디, 한국명상지도자협회, 불교인재원 생활참선, 한국요가연수
원, 절오빠절언니, 붓다클래스, 위퍼즈, 위즈덤 2.0 코리아, 트레바리 마인드
풀니스 클럽, M레터, 메라벨, 생각담장, 명상하는 형들, 정토불교대학, 깨달
음의 장 멤버들), 한국에서 가장 많은 명상&불교 서적들을 출간
한 지혜의 보물창고이면서 저의 명상맛집 출판 기획서를 흔
쾌히 받아 주신 불광미디어(feat. 양민호, 정유리 편집자님)와 책을
멋지게 꾸며 주신 쿠담디자인, 초고를 읽고 멋진 아이디어들
을 아낌없이 내어 준 요술당나귀 라마(가수 겸 영화 「불효자」 감독)
와 베타 테스트 모임의 참가자분들, 명상 안내자이자 한국어
교사로서 원고의 내용과 맞춤법을 세심하게 검토해 준 일등
공신인 아내(박경해)에게 깊은 감사의 마음을 전합니다.

그리고 끝으로, 지금 이 글을 읽는 당신 덕분에 글을 쓰
는 제가 있고, 이 책이 그저 종이와 잉크로 머물지 않고 시간
과 공간을 넘어 마음과 마음을 잇는 만남이 되었습니다. 고맙
습니다.

참고 문헌

- 본문에 실린 소개 순서대로 기재하였습니다.

- 『당신의 삶에 명상이 필요할 때』, 앤디 퍼디컴 지음, 안진환 옮김, 스노우폭스북스, 2020.
- 『마음챙김 놀이』, 수잔 카이저 그린랜드 지음, 이재석 옮김, 불광출판사, 2018.
- 『너의 내면을 검색하라』, 차드 멩 탄 지음, 권오열 옮김, 이시형 감수, 알키, 2012.
- 『존 카밧진의 처음 만나는 마음챙김 명상』, 존 카밧진 지음, 안희영 옮김, 불광출판사, 2012.
- 『심리학자의 인생 실험실』, 장현갑 지음, 불광출판사, 2017.
- 『스트레스는 나의 힘』, 장현갑 지음, 불광출판사, 2010.
- 『받아들임: 지금 이 순간 있는 그대로』, 타라 브랙 지음, 김선주·김정호 옮김, 불광출판사, 2012.
- 『끌어안음』, 타라 브랙 지음, 추선희 옮김, 불광출판사, 2020.
- 『닥터 도티의 삶을 바꾸는 마술가게』, 제임스 도티 지음, 주민아 옮김, 판미동, 2016.
- 『두려움 없는 마음』, 툽텐 진파 지음, 임혜정 옮김, 하루헌, 2019.

- 『생각의 판을 뒤집어라』, 제니스 마투라노 지음, 김병전·안희영 옮김, 불광출판사, 2015.

- 『성공을 부르는 리더의 3가지 법칙』, 라스무스 호가드·재클린 카터 지음, 마음력연구소 옮김, 한국경제신문, 2020.

- 『기적의 명상 치료』, 대니 펜맨·비디아말라 버치 지음, 김성훈 옮김, 불광출판사, 2015.

- 『8주 나를 비우는 시간』, 대니 펜맨·마크 윌리엄스 지음, 안희영·이재석 옮김, 불광출판사, 2013.

- 『선한 마음』, 달라이 라마 지음, 류시화 옮김, 불광출판사, 2017.

- 『평화 되기』, 틱낫한 지음, 이현주 옮김, 불광출판사, 2022.

- 『마음이 아플 땐 불교심리학』, 잭 콘필드 지음, 이재석 옮김, 불광출판사, 2020.

- 『흔들릴 줄 알아야 부러지지 않는다』, 김정호 지음, 달콤북스, 2023.

- 『뉴로다르마』, 릭 핸슨 지음, 김윤종 옮김, 불광출판사, 2021.

- 『메타휴먼』, 디팩 초프라 지음, 김윤종 옮김, 불광출판사, 2020.

- 『네 가지 약속』, 돈 미겔 루이스 지음, 유향란 옮김, 김영사, 2012.

- 『삶으로 다시 떠오르기』, 에크하르트 톨레 지음, 류시화 옮김, 연금술사, 2013.

- 『켄 윌버의 통합명상』, 켄 윌버 지음, 김명권·김혜옥·박윤정 옮김, 김영사, 2020.

- 『간화심결: 간화선 수행, 어떻게 할 것인가』, 수불 스님 지음, 김영사, 2019.

- 『법륜 스님의 행복』, 법륜 스님 지음, 최승미 그림, 나무의마음, 2016.

- 『정신과 의사의 체험으로 보는 사마타와 위빠사나』, 전현수 지음, 우 레와따 감수, 불광출판사, 2018.

- 『고엔카의 위빳사나 명상』, 윌리엄 하트 지음, 담마코리아 옮김, 김영사, 2017.

- 『있는 그대로』, 정준영 지음, 에디터, 2019.

- 『번뇌를 위한 자비는 없다』, 우 빤디따 스님 지음, 윤승서·이승숙 옮김, 김한상 감수, 불광출판사, 2018.

- 『정신과 의사가 들려주는 초기불교 32강』, 전현수 지음, 불광출판사, 2020.

- 『청년 붓다』, 고미숙 지음, 북드라망, 2022.

- 『디가니까야 2: 길게 설하신 경』, 각묵 스님 옮김, 초기불전연구원, 2006.

- 『그릿』, 앤절라 더크워스 지음, 김미정 옮김, 비즈니스북스, 2022.

- 『아주 작은 습관의 힘』, 제임스 클리어 지음, 이한이 옮김, 비즈니스북스, 2019.

- 『모임을 예술로 만드는 법』, 프리야 파커 지음, 방진이 옮김, 원더박스, 2019.

명상맛집

2024년 8월 12일 초판 1쇄 발행

지은이 강민지
발행인 박상근(丕弘) • 편집인 류지호 • 편집이사 양동민
책임편집 정유리 • 편집 김재호, 양민호, 김소영, 최호승, 하다해
디자인 쿠담디자인 • 제작 김명환 • 마케팅 김대현, 이선호 • 관리 윤정안
콘텐츠국 유권준, 정승채, 김희준
펴낸 곳 불광출판사 (03169) 서울시 종로구 사직로10길 17 인왕빌딩 301호
　　　　대표전화 02) 420-3200 편집부 02) 420-3300 팩시밀리 02) 420-3400
　　　　출판등록 제300-2009-130호(1979. 10. 10.)

ISBN 979-11-7261-040-1 (03190)

값 20,000원